Contenido

Introducción 6

   Mi historia 6

   Lo que aprenderás 7

   Aviso Importante 8

   Acción del Precio 10

      Indicadores.. 13

      Cómo detectar actividad institucional con la Acción del Precio 14

      El panorama completo 20

      Estrategias de Operaciones de Acción del Precio 22

Perfil de volumen 50

   Dónde conseguir perfil de volumen.. 51

   Dónde obtener datos 52

   Perfil de volumen: Punto de Control 54

   Perfil de volumen: Diferentes perfiles y su aplicación 56

      "Perfil D " 56

      "Perfil P".. 57

      "Perfil B".. 58

      "Perfil fino" 59

   Perfil de Volumen Flexible 61

   Configuraciones de operaciones de perfil de volumen 63

      Configuración de volumen #1: Configuración de acumulación de volumen.............. 64

      Configuración de Volumen #2: Configuración de tendencia.............................. 69

      Configuración de Volumen #3: Configuración de Rechazo 74

      Operaciones en reversión 77

Encontrando tu estilo 80

  Operaciones intradía 80

    Instrumentos de operaciones para operaciones intradía 80

    Tope de Pérdida y Objetivo de beneficio para operaciones intradía 81

    Instrumentos de Operaciones para operaciones swing 82

    Tope de Pérdida y objetivo de beneficio para operaciones swing 83

  Inversiones a largo plazo 84

    Instrumentos de operaciones para inversiones a largo plazo 85

    Tope de Pérdida y Objetivo de Beneficio para inversiones a largo plazo 85

  Correlación y Exposición Excesiva al Riesgo 87

  Estar abrumado 89

  Escogiendo el par de divisas correcto...89

  Pasos para escoger los instrumentos de operaciones correctos 90

  Características de las divisas principales 91

  Mis instrumentos de operaciones favoritos 93

  EXTRA: Las mejores criptomonedas para comerciar. 94

  Noticias macroeconómicas 96

    Consejo #1: No trates de predecir las noticias o la reacción del mercado a ello 97

    Consejo #2: Mantén un registro de los tiempos de lanzamiento de noticias macro 98

    Consejo #3: Cómo lidiar con noticias inesperadas. 98

    Consejo #4: La importancia y el posible impacto de los diferentes tipos de noticias macroeconómicas. 99

    Consejo #5: Qué noticias afectan cuál par fx.......................................103

    Consejo #6: No operes durante anuncios de noticias importantes 104

    Consejo #7: Formas de abandonar tus operaciones antes de un importante comunicado de prensa 105

Consejo #8: Cuando comenzar las operaciones de nuevo después de un comunicado de prensa 107

Consejo #9: Volver a entrar en una operación después de que haya sucedido un macroevento 107

Consejo #10: Ajusta tus operaciones a la reacción posterior a la noticia. 109

Análisis del mercado de la A a la Z 111

Análisis de operaciones intradía 111

Operaciones swing y análisis de inversión a largo tiempo 113

Gestión de la posición 115

Objetivo de Beneficio 115

Colocación de Tope de Pérdida 117

Gestión de Tope de Pérdida 123

Gestión del Dinero 127

Cuánto arriesgar por operación 127

Radio de Recompensa de Riesgo (RRR) 128

Tamaño de posición 130

Correlación 131

Psicología de las Operaciones 133

Cuatro tipos de operaciones 133

Cómo no romper una regla nunca 136

Cómo manejar el ganar 137

Cómo manejar el perder 138

Pruebas retroactivas y comenzando 142

Fase 1: Prueba retroactiva en bruto 142

Fase 2: Prueba retroactiva exhaustiva 143

Fase 3: Micro operaciones 143

Fase 4: Medias posiciones 144

Fase 5: Posiciones completas 145

Diario de Operaciones 146

Los 10 más comunes errores de operaciones que debes evitar 147

#1 Usando indicadores..147

#2 Martingala 147

#3 Poner demasiada fe en una operación 148

#4 Usar posiciones demasiado grandes..149

#5 Nunca poder admitir que estabas equivocado 149

#6 No usar Tope de Pérdida 149

#7 Entrando en una posición sin un plan 150

#8 Seguir las ideas de otras personas ciegamente 150

#9 Saltar de estrategia en estrategia 151

#10 Mantenerse con un mal intermediario.......................................151

BONO: Cómo gestiono mis operaciones intradía 152

Cómo entro en mis operaciones..152

Dónde colocar tu Tope de Pérdida y Objetivo de Beneficio................154

Arrastrando tu Tope de Pérdida 156

Brecha en apertura del mercado 161

Operaciones Reales...165

Operaciones intradía...165

Operaciones de reversión 181

En Resumen 190

Acelera Tu Aprendizaje 191

Algunos Testimonios Sobre el Curso...194

Introducción

Hola, me llamo Dale y soy operador a tiempo completo desde 2008. Siempre me han apasionado los aspectos económicos, financieros y de operaciones. Obtuve mi título universitario en finanzas, antes de convertirme en gerente de cartera certificado, gerente de inversiones, así como obtener mi certificación de derivados financieros. Me enorgullece decir que, a diferencia de la mayoría de los "gurús" de las operaciones, en realidad tengo una educación y certificación adecuadas. Esto es, por supuesto, gracias a mis padres que me apoyaron enormemente en mis estudios y que me ayudaron al comienzo de mi carrera.

Recién salido de la universidad, comencé a trabajar como analista de mercado para una importante correduría. La mayoría estarían agradecidos de tener este puesto justo después de la universidad, pero realmente no lo sentí de esta manera. Tuve dos problemas con este trabajo. El primero fue que no me gustaba tener un jefe que me dijera qué hacer. Siempre estudié duro para ser independiente, no para ser empleado. La segunda razón fue que no me gustaba la forma en que la compañía trataba a sus clientes. Creo que este es un problema con la mayoría de los intermediarios de forex. Realmente no les importa si sus clientes ganan dinero o no. Son egoístas y se centran principalmente en sus honorarios. No se sienten responsables y no les importa el mejor interés de sus clientes. No me gustaba ser una herramienta en una empresa así, así que me fui.

Después de renunciar a mi trabajo, concentré todos mis esfuerzos en las operaciones. Este fue mi enfoque del 100%; Probando todo tipo de estrategias de operaciones diferentes, probando diferentes enfoques de operaciones, realizando pruebas de varios patrones y cualquier otra cosa que se pueda imaginar durante 12 a 15 horas todos los días.

Realicé varias operaciones de instrumentos y utilizando diferentes estilos de operaciones. Estuve en operaciones, certificados de inversión y sistemas automatizados de operaciones. Actualmente, mi enfoque principal es en operaciones forex manuales.

Cuando comencé a operar en el forex, tenía la impresión de que necesitaba encontrar un Santo Grial que me generara un montón de dinero rápidamente. Estaba buscando este Santo Grial entre varios indicadores de operaciones. No hace falta decir que no lo conseguí. Probé la mayoría de los indicadores estándar con muchas configuraciones diferentes, pero nada realmente funcionó. Al menos no a largo plazo.

Mi primer éxito tangible fue cuando finalmente me deshice de todos los indicadores y comencé de nuevo con la simple acción del precio. ¡Por primera vez, sentí que estaba llegando a algún lado! El gran "momento eureka" llegó cuando combiné Acción del Precio con Perfil de Volumen. Esto fue cuando comencé a ver una ventaja y una rentabilidad constantes.

Lo que aprenderás

Cuando estaba escribiendo este libro, mi objetivo era darle el libro que hubiese deseado que alguien me hubiera dado hace 10 años, cuando comencé. Un libro que me ahorraría todo el tiempo que pasé en callejones sin salida, todo el tiempo dedicado a la investigación y un libro que me guiaría a través del complicado mundo de las operaciones, guiándome por el camino correcto y enseñándome todos los aspectos importantes de las operaciones.

En ese libro aprenderás:

- Cómo trabajar con Acción del Precio.

- Estrategias de acción del precio que puedes utilizar de inmediato.

- Cómo funciona Perfil de volumen

- Mis estrategias de perfil de volumen favoritas

- Cómo encontrar tu propio estilo de operaciones y cuáles son los mejores instrumentos de operaciones para las operaciones

- Cómo gestionar las operaciones en torno a las noticias macroeconómicas.

- Cómo hacer tu análisis de mercado de la A a la Z

- Cómo gestionar tus posiciones.

- Cómo hacer una gestión adecuada del dinero.

- Cómo tratar con la psicología de las operaciones.

- Cómo realizar una prueba retrospectiva adecuada y cómo comenzar con las operaciones de tus estrategias probadas

- ¿Cuáles son los errores de operaciones más comunes y cómo evitarlos?

- Las formas y reglas exactas que aplico a mis propias operaciones.

Aprenderás todo esto de una manera simple y conmovedora junto con muchos ejemplos e imágenes.

¿Por qué no lo mantengo en secreto?

Permítanme abordar una pregunta muy importante que la mayoría de la gente tiene. De hecho, no sería realmente un inversionista inteligente si no fuera escéptico al respecto. La cuestión es: ¿por qué les revelaría mis estrategias de operaciones que funciona? ¿Por qué no me la guardo? ¿Por qué no mantenerla en secreto, si es realmente tan buena?

He visto a tantos estafadores en esta industria. Hay tanta gente que no tiene educación financiera, no tiene certificación, no tiene un conocimiento real de los mercados y aún se coloca en la posición de un "gurú". Aun así, no les importa si las personas que pagan por su servicio fallan o no. La empresa de corretaje para la que trabajé antes no era diferente.

Personalmente estoy fuertemente en contra de tales prácticas. Quiero hacer las cosas de manera diferente y, de hecho, ayudar a la gente, y darte una mano no me hace daño de ninguna manera. ¿Sabes cuántas personas como tú y yo intercambiamos divisas? ¿Cuántos volúmenes controlamos? Es sólo el 3.5%. Solo el 3.5% del volumen diario de divisas está controlado por operadores minoristas (estadísticas del Banco de Pagos Internacionales). El resto son instituciones.

Basado en este hecho, ayudarte a ti y a otros operadores minoristas como tú con sus operaciones no puede tener ningún impacto en el mercado y no puede poner en peligro ni a mí ni a mi estrategia de operaciones. Entonces no creo que haya una razón para no compartir. Si estás dispuesto a aprender y estás dispuesto a trabajar para mejorar tus operaciones, entonces estoy más que contento de compartir mi conocimiento.

Aviso Importante

Esta no es una guía mágica para "hacerse rico rápidamente". No te mentiré ni haré falsas promesas. Se necesita tiempo y esfuerzo para aprender y dominar las operaciones y el Perfil de volumen. Si estás buscando una fórmula mágica, estás leyendo el libro equivocado. Realmente no puedo hacer promesas. Te mostraré lo que hago y lo que funciona para mí. Eso es. No puedo garantizar que funcionará para ti también. Todo el mundo es diferente, y mi estilo de operaciones puede no ser adecuado para todos. Es un hecho. Sin embargo, lo que también es un hecho es que este es el mejor enfoque de operaciones que encontré en mi carrera de operaciones de décadas. Lo que estoy por enseñarte con este libro es lo mejor que sé.

Entonces, si no te importa que no te voy a dar una "píldora mágica" (ya que no existe), ¡entonces pasemos al primer capítulo!

Acción del Precio

Acción del Precio es el arte de entender los gráficos desnudos sin ningún indicador. Es lo primero que recomiendo aprender antes de saltar a cualquier otra cosa. Es la piedra angular sobre la que se encuentran todos los otros aspectos que cubriré en este libro.

Hay una cosa que hago muy diferente a la mayoría de los cursos de Acción del Precio que hay. La cosa es que no busco formaciones de velas. Si comparara la acción del precio con la lectura, entonces las formaciones de velas serían solo letras o palabras simples. Sin embargo, las listas de precios y los mercados hablan en oraciones; No es solo letras o palabras separadas. Por esa razón, percibo el movimiento de los precios como un flujo continuo y lo principal que me interesa es la dinámica de los precios.

¿Por qué se mueve el precio?

Antes de profundizar en los detalles y las configuraciones de las operaciones, permíteme hacerte una pregunta importante. ¿Qué mueve el precio? En otras palabras: ¿Por qué se mueve el precio? Piénsalo. ¿Tu respuesta fue "porque hay más compradores que vendedores (o viceversa)"? Mal, pero no te sientas mal. Es un error común que también los "expertos" de la televisión o los periódicos suelen hacer en sus comentarios y artículos. Lo que realmente mueve el precio es la agresión. Si el precio sube, entonces los compradores son más agresivos. Si baja, entonces los vendedores son más agresivos.

Si eres agresivo, quieres comprar o vender AHORA. Si quieres algo AHORA y quieres estar 100% seguro de que lo obtendrás,
Necesitas utilizar una ORDEN DE MERCADO. Este tipo de orden significa que cualquiera que sea el precio, tu orden se llenará. En otras palabras: colocas una ORDEN DE MERCADO para comprar o vender inmediatamente al mejor precio actual disponible.

Imagina una situación en la que hay una noticia que implica que el EUR / USD subirá. Eres un operador de fondos de cobertura, y deseas ingresar a una posición larga con 1 000 lotes (que equivale a $ 100 000 000). Desafortunadamente, todos los demás ven esta noticia y también ven la oportunidad. El precio está empezando a subir rápidamente. Quieres formar parte de esto y realmente deseas ingresar tu posición. Sin embargo, esto está sucediendo demasiado rápido. Para asegurarte de que podrás saltar a la nueva tendencia, debes ingresar al la operación con una ORDEN DE MERCADO. Necesitas ser agresivo. Esta es una demostración de lo que sucederá:

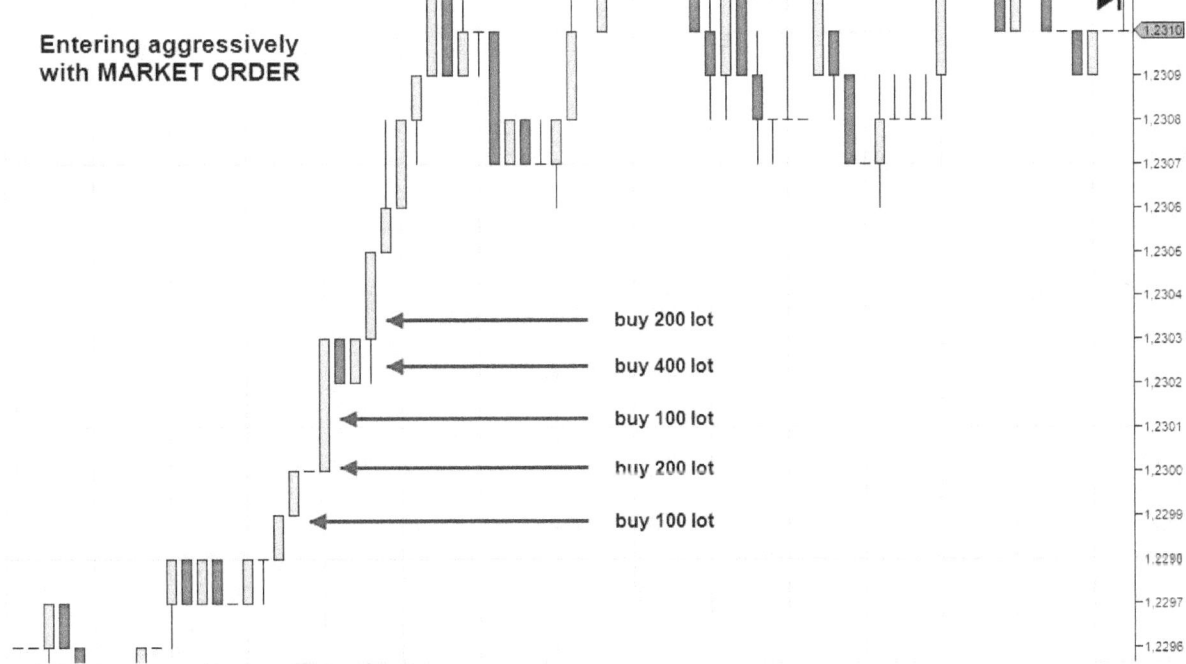

Debido a que tu posición es bastante grande, no se llenará de una vez. Se llenará **rápidamente**, podrás ingresar a la **posición completa**, pero la posición se dividirá a medida que el precio suba rápidamente. Los agresivos participantes del mercado son los que suben o bajan agresivamente el precio con sus órdenes de mercado. Esta es la verdadera razón por la cual el precio se mueve.

Hay mucho más sobre este tema, pero entender el concepto básico, debería ser suficiente. Recuerda: **son los compradores/vendedores agresivos con sus agresivos pedidos de mercado los que suben o bajan el precio**. Hablaré sobre agresividad o compradores/vendedores agresivos muy a menudo en este libro. Cada vez que lo haga, y no estarás seguro de lo que estoy hablando, solo recuerda el ejemplo de ti siendo operador de fondos de cobertura que está entrando en el mercado rápido con 1 000 lotes.

¿Quién mueve el precio?

A pesar de que la pregunta "¿quién mueve el precio?" Puede parecer un poco filosófica y no práctica o útil, es extremadamente importante. De hecho, toda la idea detrás de mi sistema de operaciones se basa en esta pregunta.

La tabla del lado derecho muestra que aproximadamente el diez por ciento de todo el volumen de divisas es tramitado por solo diez instituciones financieras. Tienen la mayoría absoluta, se mueven y manipulan el precio. ¡Es su juego!

Top 10 currency traders

% of overall volume, May 2014

Rank	Name	Market share
1	Citi	16.04%
2	Deutsche Bank	15.67%
3	Barclays Investment Bank	10.91%
4	UBS AG	10.88%
5	HSBC	7.12%
6	JPMorgan	5.55%
7	Bank of America Merrill Lynch	4.38%
8	Royal Bank of Scotland	3.25%
9	BNP Paribas	3.10%
10	Goldman Sachs	2.53%

No es solo el mercado forex. Es igual para todos los instrumentos de operaciones. Si buscas por ejemplo el mercado de criptomonedas, puedes ver que es idéntico. No importa que este mercado en particular sea bastante nuevo, aún los grandes grupos financieros dominan, manipulan y mueven este mercado. En la imagen, puedes ver que solo el 4.11% de las direcciones (grupos financieros) posee el 96.53% de todos los Bitcoins. Por otro lado, en la parte inferior de la

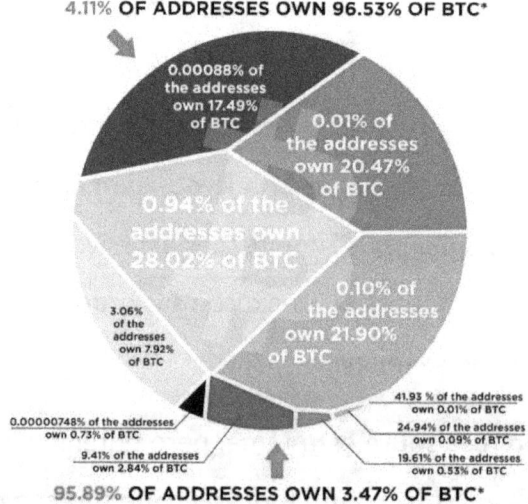

imagen, puedes ver una pequeña parte de la que son dueños los operadores minoristas (que somos nosotros). Es lo mismo para las divisas, las principales criptomonedas, las acciones, los índices... **el mercado SIEMPRE está dominado, movido y manipulado por unas cuantas instituciones o grupos financieros grandes.**

Como puedes ver, tú y yo somos muy pequeños. No podemos mover el precio, no podemos manipular los mercados, ¡PERO podemos ser rentables! Solo tenemos que aceptar nuestro papel en este juego. Entonces, para ser rentables, debemos vigilar a los grandes - las instituciones.

¿Como hacemos eso? ¿Cómo hacemos un seguimiento de las instituciones? Las rastreamos a través de Acción del Precio y Volúmenes. Acción del Precio y Volúmenes nos proporcionan pistas sobre lo que estaban haciendo las instituciones, lo que están haciendo en este momento y lo que probablemente harán en el futuro.

Indicadores

En el capítulo anterior, dije, podemos predecir la actividad institucional y los movimientos del mercado con Acción del Precio y Volumen. Lo que no te ayudará en absoluto a predecir futuros movimientos del mercado son los indicadores.

Los indicadores estándar solo muestran el desarrollo histórico, pero no prevén movimientos futuros. No quiero ser demasiado matemático aquí, pero si observas cómo se calculan los indicadores más comunes, verás que funcionan con solo dos variables: 1. tiempo, 2. precio histórico. Eso es. Nada más. Todos esos indicadores son solo variaciones y diferentes visualizaciones de tiempo y precio histórico. No hay un Santo Grial entre ellos, y todos son solo líneas en sus gráficos que no agregan ningún valor.

Entonces, ¿por qué todos los analistas intermediarios de forex usan todos esos indicadores? Bueno, ¿sabes quiénes son esos analistas? Solo son tipos comunes que van al trabajo, hacen su trabajo y luego se van a casa. Así que su trabajo es hacer un artículo estúpido por día para alimentar a sus clientes. Esos clientes tienen más probabilidades de perder su dinero de todos modos ya que la mayoría de las personas en este negocio lo hacen. Entonces, esos analistas solo les dan un incentivo para hacer algunas operaciones más para que el intermediario pueda obtener ganancias al tomar lados opuestos de las operaciones. Eso es. El único propósito de los indicadores es hacer que las personas se sientan más en control y empujarlas a comerciar más.

Si utilizas, por ejemplo, un indicador simple de EMA (Media Móvil Exponencial) para ayudarte a identificar la tendencia, entonces no tengo nada en contra. Sin embargo, si estás creando estrategias basadas en los indicadores, detente. Nunca funcionará. Creeme; He intentado los dos extremos de esta cuerda. Fui el tipo que probó todos los indicadores y

INDICATORS
Add clarity to your chart analysis

buscaba el Santo Grial día y noche. Más tarde, también fui el tipo que trabajaba para el intermediario.

Cómo detectar actividad institucional con la Acción del Precio

En este capítulo, me gustaría mostrarte cómo detectar áreas donde las grandes instituciones financieras estaban activas. Esas áreas son extremadamente importantes porque nos ayudan a comprender dónde estaba el interés institucional y con alta probabilidad volverá a estar. Un lugar que sea importante para las instituciones también debería serlo para nosotros, ya que todo nuestro negocio se basa básicamente en seguir a los grandes.

Hay tres signos principales de actividad institucional que podemos detectar con Acción del Precio:

1. **Área de Acción del Precio a los lados**
2. **Actividad de iniciación agresiva**
3. **Fuerte rechazo (de precios más altos o más bajos)**

Área de Acción del Precio a los Lados

Una de las mayores diferencias entre los operadores minoristas (que somos nosotros) y las instituciones es el monto del capital de operaciones que administramos. Las instituciones tienen cantidades extremas de capital, y debido a esto, tienen un problema que nunca tendremos. El problema es simplemente tener demasiado dinero. Si desean abrir una operación grande sin ser notados, necesitan mucho tiempo para ingresar a su posición. Pretenden hacerlo lentamente, inadvertidamente, para que nadie se dé cuenta de lo que están haciendo. Si tienen éxito, pueden ingresar a su gran posición sin alertar a otros participantes del mercado y sin mover demasiado el precio.

Si, por ejemplo, una institución grande como Citi Bank comenzara a comprar grandes cantidades de euros de forma rápida y agresiva, se iniciaría mucha emoción y la tendencia.

En este caso, la tendencia no sería su amiga porque no podrían ingresar por completo a su gran posición de operaciones. Al menos no por los precios que les gustaría.

Por esta razón, las instituciones necesitan mucho tiempo para ingresar a sus grandes posiciones sin ser notadas. Intentan aparecer como pequeños inversores que están colocando al azar muchas posiciones relativamente pequeñas en el mercado.

La única forma en que pueden acumular sus posiciones de manera lenta y discreta es en Acción del Precio. Allí pueden ocultar perfectamente su actividad.

Entonces, la próxima vez que veas un canal de Acción del Precio lateralmente, no asumas que es aburrido y que no pasa nada allí. Probablemente estarías equivocado. Una Acción del Precio lateralmente es un lugar donde las grandes instituciones se están preparando para la acción. Es por eso que es tan importante y por eso está entre las primeras cosas que busco cuando analizo cualquier gráfico.

A continuación, puede ver un gráfico de precios donde marqué todas las áreas significativas de Acción del Precio.

Permíteme mostrarte una prueba de que se acumularon grandes posiciones de operaciones en esas áreas de Acción del Precio lateralmente. La siguiente imagen muestra exactamente el mismo gráfico, pero esta vez con Perfil de volumen. Puedes ver que el perfil es el más ancho en los lugares donde se encuentran las áreas de Acción del Precio lateralmente. Esto significa que la mayoría de las posiciones se acumularon allí.

La Acción del Precio lateralmente es un lugar muy significativo en todos los marcos de tiempo. No importa si utiliza un gráfico de 1 minuto, un gráfico de 30 minutos, un gráfico diario o un gráfico semanal. La lógica es siempre la misma, y es por eso que funciona tan bien con todos los marcos de tiempo.

Analizo los gráficos con mayor frecuencia en el marco de tiempo de 30 minutos (operaciones intradía) y el marco de tiempo diario (operaciones swing).

Resumen: busca áreas de acción del precio laterales. Esos son lugares muy significativos porque las instituciones están acumulando sus posiciones allí. Siempre debes estar atento a esas áreas, sin importar el período de tiempo que uses.

Actividad de Iniciación Agresiva

La actividad de iniciación agresiva es básicamente un movimiento significativo de precios o una tendencia. Es causado por compradores agresivos que aumentan el precio o por vendedores agresivos que están presionando el precio más bajo. Este tipo de compra o venta agresiva a menudo tiene lugar después de una actividad de Acción del Precio lateral. Lo que sucede es que las grandes instituciones están construyendo sus posiciones (en áreas laterales), y cuando terminan con eso, comienzan a comprar o vender agresivamente para manipular y mover el precio en la dirección que deseen. Así es como hacen dinero. Construyen sus posiciones de manera lenta e inadvertida, y luego comienzan una tendencia para hacer que esas posiciones sean rentables.

Cuando el precio se mueve en una tendencia rápida, no hay mucho tiempo para colocar más posiciones largas. Por esta razón, las instituciones deben acumular sus posiciones antes de la mudanza.

A continuación se muestran dos ejemplos típicos de áreas de Acción del Precio laterales seguidas de una actividad de iniciación agresiva:

área de acción de precios lateral (las instituciones están construyendo sus posiciones)

área de iniciación agresiva (las instituciones están empujando el precio agresivamente más arriba)

Las áreas de iniciación fuerte o las áreas de tendencia son significativas porque nos muestran las intenciones de las grandes instituciones financieras. No podemos ver las intenciones en las áreas de Acción del Precio lateral, pero cuando comienza la tendencia, sabemos si las posiciones institucionales acumuladas fueron largas o cortas.

Si hay una fuerte tendencia alcista después de un área lateral de Acción del Precio, entonces sabemos que las posiciones que las grandes instituciones estaban acumulando eran posiciones largas. Si, por otro lado, hay un canal del Acción del Precio lateral seguido de una venta agresiva (o una tendencia bajista), entonces sabemos que las posiciones acumuladas fueron posiciones cortas.

Recuerda que las áreas de tendencia fuerte o los movimientos rápidos de precios SIEMPRE son causados por compradores o vendedores agresivos. Es la agresión de las instituciones la que sube o baja el precio.

Ahora conoces dos datos importantes que el mercado nos brinda y que siempre debemos considerar en nuestro análisis de mercado. Es "Acción del Precio Lateral" y "fuerte iniciación." Hay una información más que Acción del Precio nos da y que considero realmente importante. Es el "rechazo fuerte".

Un fuerte rechazo de los niveles de precios más altos o más bajos es una reversión repentina de los precios. Este patrón se realiza cuando el precio va en una dirección agresiva y luego gira rápidamente y con la misma agresión y tasa va en la otra dirección. Un ejemplo clásico sería un tipo de vela llamada "barra de alfileres". Pero la barra de alfileres no es la única forma visual de rechazo fuerte. Hay muchas formas en que puede verse un rechazo fuerte. **Un signo común para todos los rechazos fuertes es una agresión y un cambio repentino.**

Lo que sucede es que un lado del mercado (por ejemplo, los compradores) es agresivo y mueve el precio de una manera. Luego choca con el otro lado (por ejemplo, vendedores fuertes) que

de repente se vuelve aún más fuerte y más agresivo. Así que el precio gira rápidamente, y el lado más fuerte se hace cargo. El área donde el otro lado se hizo cargo es muy importante porque marca un lugar donde los participantes fuertes del mercado rechazaron agresivamente el curso de acción actual y comenzaron a actuar en contra del movimiento. Este lugar es importante para nosotros porque lo más probable es que se defienda de nuevo si el precio se acerca nuevamente. Se convierte en una nueva zona de soporte / resistencia.

Aquí hay algunos ejemplos de rechazos fuertes:

área de rechazo fuerte
(rechazo de precios más
bajos)

Como puedes ver, no es necesario que haya una barra de alfileres para detectar un rechazo agresivo. Para ser sincero, realmente no me importa cómo se ven las velas. La única regla es que debe haber un cambio repentino. Los patrones de velas no me importan. La razón de esto es que son diferentes en diferentes marcos de tiempo. Un fuerte rechazo debe ser visible en más marcos de tiempo, no solo en uno. Recuerda, estamos analizando el precio "flujo y agresión", no los patrones de velas.

Se necesita algo de tiempo para detectar y reconocer rechazos fuertes y decirles sobre rechazos que no son tan significativos. Pero en algún momento podrás hacer esto, y verás un gráfico, y leerás oraciones completas en lugar de solo letras separadas.

Recuerda, los lugares donde el precio cambió repentinamente y cambiaron de dirección son muy importantes.
Siempre debemos vigilarlos en nuestro análisis de Acción del Precio.

El panorama completo

Los tres signos de acción institucional de Acción del Precio que te mostré anteriormente son en esencia el núcleo del método de operaciones que utilizo. Esos tres son las cosas más importantes que puedo ver en cada gráfico. También son lo primero que noté cuando miro cualquier gráfico. Después de un poco de práctica, podrá reconocerlos rápidamente, y todo el proceso de reconocimiento de esas zonas te resultará muy natural. Por ahora, trata de buscar activamente esas áreas. Debes aprender a visualizar los gráficos en tu cabeza para que tengan este aspecto:

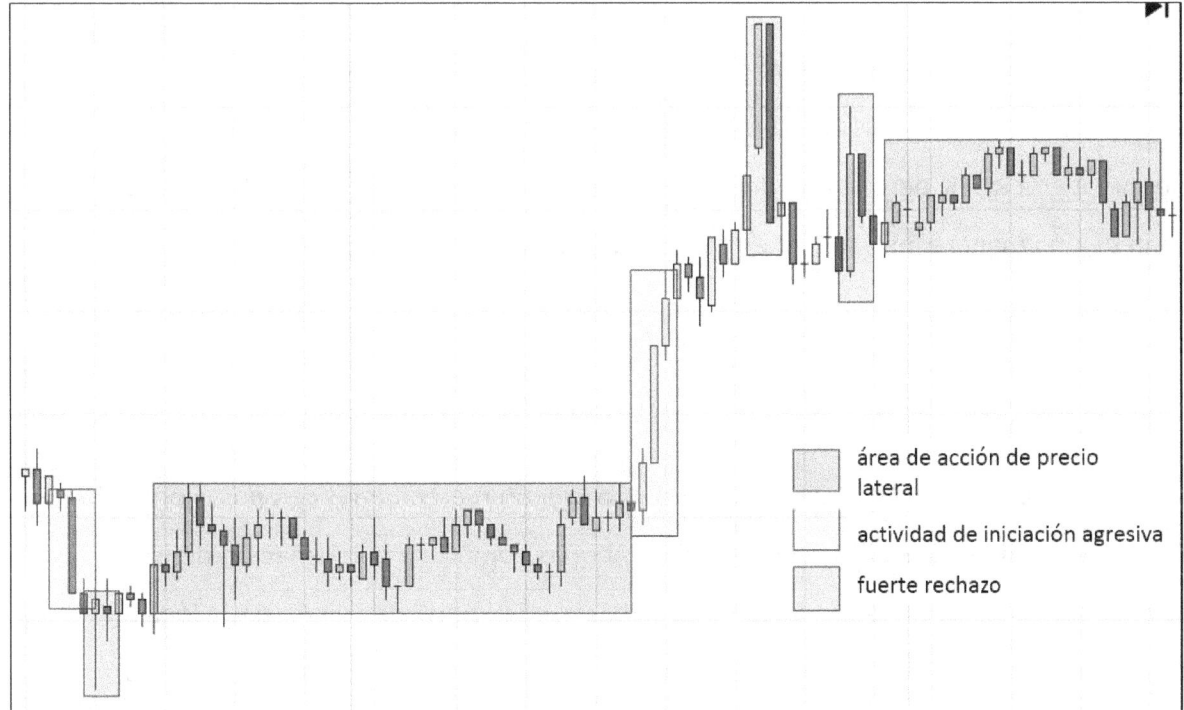

Básicamente divides los gráficos en áreas separadas en tu cabeza. Cada área te dará algo de información sobre las instituciones.

Hay algunas estrategias realmente buenas basadas en esas formaciones de Acción del Precio. Hablaré de ellas más en detalle en la sección de Perfil de volumen de este libro.

¿Qué marcos de tiempo utilizar para detectar la actividad institucional?

Las grandes instituciones financieras operan de muchas maneras diferentes y en muchos marcos de tiempo. Hacen operaciones algorítmicas; tienen operadores que realizan operaciones intradía, operaciones de cambio, operadores que hacen inversiones a largo plazo, tienen personas que hacen coberturas, conversiones de divisas... simplemente lo hacen todo. Las grandes instituciones cubren todos los marcos de tiempo, desde un minuto hasta periodos mensuales. Una cosa que es común a todos ellos es, como dije antes, la gran cantidad de capital que administran. Por esta razón, podemos detectar a las instituciones en todos los marcos de tiempo porque tienen el mismo problema en todos los marcos de tiempo: el problema de tener demasiado dinero para administrar.

¡Eso es algo realmente bueno para nosotros porque podemos usar la misma metodología y estrategias para todos los marcos de tiempo! Todas

las estrategias que te mostraré en este libro se pueden aplicar a cualquier período de tiempo que desees. Solo necesitas ajustar los volúmenes de Objetivo de beneficio, Tope de Pérdida y volúmenes de operaciones, pero aparte de eso, todos serán iguales porque las instituciones se comportan de una manera muy similar en todos los marcos de tiempo.

Estrategias de Operaciones de Acción del Precio

Veamos ahora un poco de la teoría y echemos un vistazo a algunas estrategias de operaciones basadas en Acción del Precio. Utilizo todas esas estrategias como una confirmación de mis estrategias principales. Mis principales estrategias se basan en el perfil de volumen y la lógica de las operaciones institucionales que mencioné anteriormente. Llegaremos a esas estrategias más adelante en la sección de Perfil de volumen. Ahora, te mostraré las estrategias que se basan únicamente en Acción del Precio.

Para aclararme perfectamente, utilizo esas estrategias de Acción del Precio como confirmaciones de mis estrategias principales. Por ejemplo, cuando mi estrategia principal (basada en el volumen) me muestra un nivel de operaciones, y no estoy completamente seguro de eso, entonces trato de buscar otra estrategia de Acción del Precio que confirme mi idea de operaciones original. Cuantas más confirmaciones encuentre, mejor.

Sin embargo, si realmente te gusta alguna de estas estrategias de Acción del Precio, puedes intercambiarlas como estrategias independientes. Veamos ahora una por una:

Estrategia 1: Soporte volviéndose resistencia (y vice versa)

Esta es una de mis estrategias favoritas de Acción del Precio. Funciona muy bien (incluso como una estrategia independiente) por lo general puedo detectar esta configuración en los gráficos casi todos los días, por lo que hay muchas oportunidades de operaciones con esta.

La configuración funciona en ambas direcciones – **soporte volviéndose una resistencia** y también la **resistencia volviéndose soporte.**

Aquí está cómo detectarla y cómo operarla:

1. Para identificar esta configuración, primero debes ver el precio reaccionando fuertemente o saltando fuera de alguna área en la tabla. Esta fuerte reacción indica que hubo un fuerte soporte o resistencia en el área.

2. Una reacción grande es suficiente, pero dos o más reacciones fuertes son aún mejores. De esta manera puedes estar seguro de que había un área de soporte o resistencia realmente fuerte.

3. Después de detectar un área tan fuerte, debes esperar a que el precio pase por delante. Querrás ver a este fuerte soporte o resistencia violada.

4. A pesar de que se rompió el soporte / resistencia, sigue siendo significativo y fuerte. La razón es que romper ese nivel requiere mucho esfuerzo y volúmenes de compradores o vendedores fuertes. Esta área será "defendida" de nuevo. Así es como el soporte se convierte en resistencia y cómo la resistencia se convierte en soporte.

5. Cuando identifiques que el soporte se está convirtiendo en resistencia (o que la resistencia se está convirtiendo en nivel de soporte), espera a que el precio vuelva a esta área e ingresa a tu operación desde allí.

6. Esta configuración funciona para todos los marcos de tiempo. Personalmente, me gusta buscarla en gráficos diarios y de 30 minutos.

Veamos algunos ejemplos.

El primero es un marco de tiempo de 30 minutos de EUR / USD. El precio hizo dos fuertes rechazos de un nivel que indica que era una zona de soporte fuerte. Luego el precio pasó a través de ella, lo que la convirtió en una nueva zona de resistencia. La entrada para una operación corta sería después de un retroceso a este nivel de precios: el nivel de resistencia recién formado.

2. Un soporte es roto = se vuelve una resistencia

4. Entra en una operación en corto aquí

1. Dos reacciones fuertes a este nivel = soporte fuerte

3. Espera para que el precio regrese

A continuación, puedes ver el segundo ejemplo. Es el mismo gráfico, solo unas horas después. Puedes ver que la reacción al fuerte nivel de resistencia que viste en la imagen anterior realmente se convirtió en soporte nuevamente. En la imagen, puedes ver cuatro reacciones al nivel, lo que confirma que antes era un nivel de resistencia fuerte. Cuando el precio lo rebasó, se convirtió en una zona de soporte fuerte (de nuevo). La idea de operar esta es la misma que en la imagen anterior, solo invertida. En este caso, se ve una fuerte resistencia que fue violada. Espera a que el precio vuelva a esta área y se prolongue desde allí, desde el nivel de soporte recién formado (en este caso, restablecido).

La estrategia de impulso abierto se basa en un repentino y fuerte movimiento de precios unilateral. Es muy importante que el movimiento sea unilateral. Esto significa que el precio fue impulsado de manera agresiva y constante en una dirección.

El impulso abierto ocurre la mayor parte del tiempo después de una Acción del Precio lateral (canal de precio ajustado), o también puedes detectarlo al inicio de una sesión de operaciones.

Si el impulso abierto se produce después de una Acción del Precio lateral, indica que compradores o vendedores fuertes acumularon sus posiciones en la Acción del Precio lateral y luego comenzaron una actividad agresiva de compra o venta para mover el precio.

Si ves un movimiento de precios unilateral al inicio de una sesión de operaciones (Asia, UE o EE. UU.), Te dará una idea de cuál será la dirección general en esta sesión de operaciones.

Lo más importante es el lugar donde comenzó la fuerte actividad de compra o venta. **Si los compradores agresivos inician el impulso abierto, el precio se dispara hacia arriba, y el lugar donde se abrió la vela de compra fuerte es un fuerte soporte. Si el impulso abierto es iniciado por vendedores agresivos, entonces el precio se dispara hacia abajo, y el lugar donde se abrió la vela de venta fuerte es la resistencia fuerte.**

El primer ejemplo a continuación muestra EUR/USD en un plazo de 30 minutos. Primero, hubo 4-5 horas de Acción del Precio lateral. Luego, el precio comenzó una actividad de venta unilateral: esa es la gran vela roja. El lugar donde comenzó la gran vela roja es el camino abierto. Debes esperar a que se formen algunas velas debajo del disco abierto para asegurarte de que el mercado acepte los precios más bajos como un lugar con un valor razonable temporal. Después de eso, esperas a que el precio vuelva al inicio del impulso abierto e ingresas a tu operación desde allí.

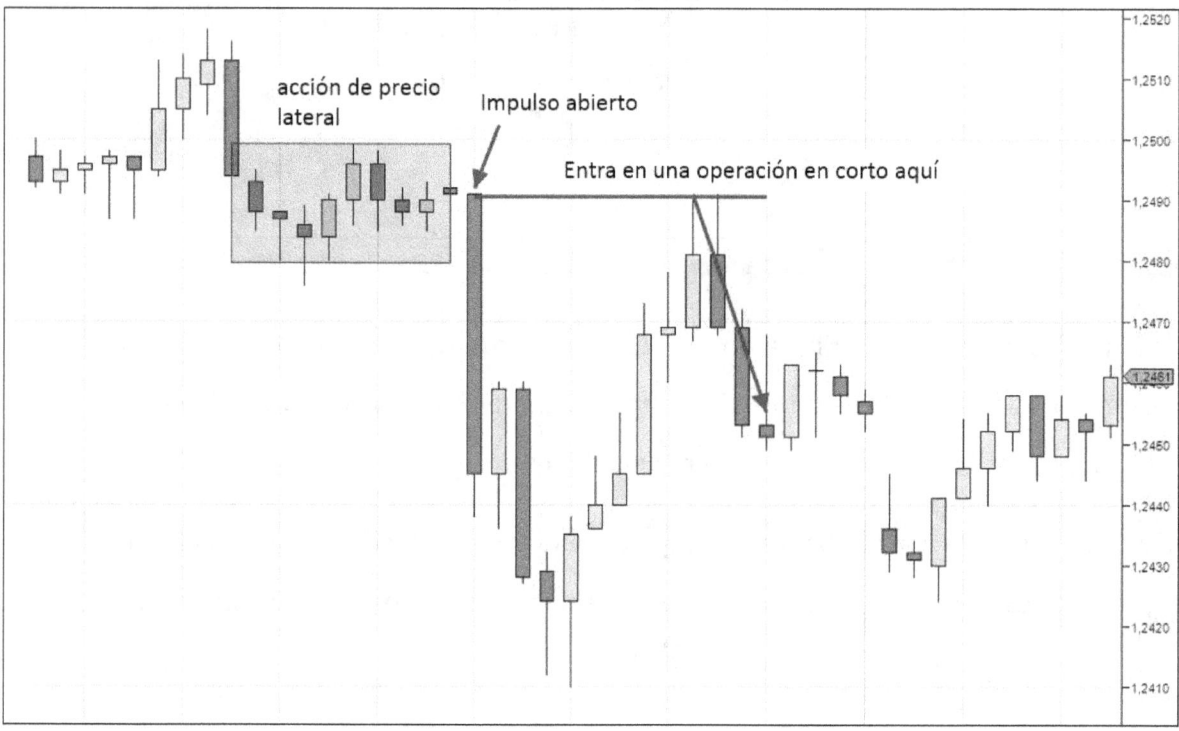

Otro ejemplo es también EUR/USD en un plazo de 30 minutos. En este caso, puedes ver la apertura de un mercado después del fin de semana con una actividad de venta unilateral creando un disco abierto. Después de que el precio cerró la brecha inicial, puedes ver que volvió a probar el área donde comenzó el impulso abierto. Este es un fuerte nivel de resistencia y, como se puede ver, el precio hizo una buena reacción al mismo.

El tercer ejemplo muestra un área de baja volatilidad que es bastante similar al área de Acción del Precio lateral. Este suele ser un lugar donde se acumulan volúmenes. Después de eso, hay un movimiento ascendente fuerte, agresivo y unilateral (actividad de compra). Abierto de la primera gran vela verde se convierte en una zona de soporte. En un caso como este, solo tienes que esperar hasta que el precio regrese a esta área de impulso abierto e ingresar una operación en largo desde allí. Los compradores fuertes que impulsaron el precio al alza desde el punto de apertura del sistema impulsarán sus posiciones de compra y el precio aumentará nuevamente.

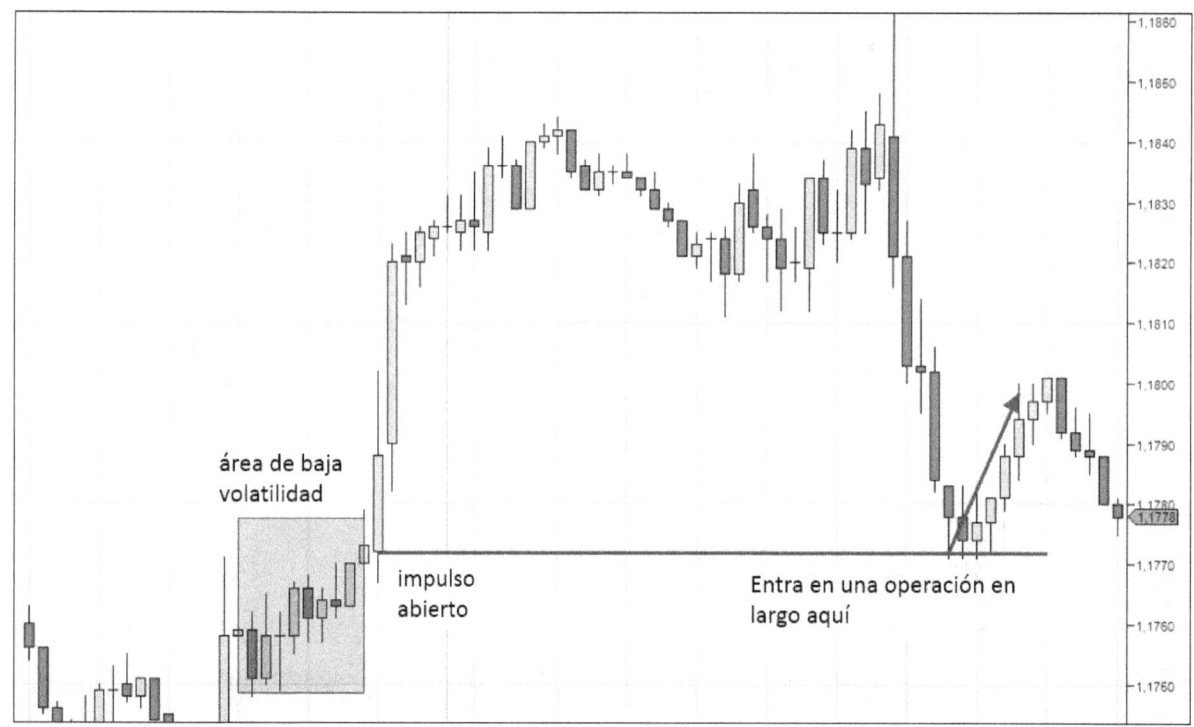

Hay algunos casos en los que un evento macroeconómico crea el impulso abierto. Es bastante común en realidad. El escenario habitual es un mercado en el que la Acción del Precio lateral se convierta repentinamente en una tendencia fuerte del mercado. Realmente no importa si el movimiento de iniciativa fuerte es causado por noticias macroeconómicas o no. Considero que es un área fuerte de soporte/resistencia, independientemente de cuál fue la causa del impulso abierto.

Estrategia 3: AB = CD

Esta estrategia es un poco diferente de todas las otras estrategias que uso. La razón es que se basa más en la psicología del mercado que en la actividad institucional. Personalmente la uso como una confirmación de mis principales estrategias (institucionales y basadas en el volumen). Aún así, es una estrategia muy buena, incluso si la usas como una estrategia independiente.

La idea principal detrás de esto es que los mercados se mueven en una especie de oleadas. Los máximos y mínimos de esas ondas u oscilaciones tienen nombres (A, B, C y D). Dice así:

1. La distancia de A a B es la distancia del primer al segundo punto de balanceo.

2. La C se hace si hay un retroceso de al menos el 50% a la distancia de AB. Sin embargo, el precio no debe ir más allá de A.

28

3. La D se coloca a la misma distancia de C, mientras que A es de B. Debido a esto, el patrón se llama AB = CD. La pata AB tiene la misma distancia de pips que la pata CD.

4. Si es un AB = CD alcista, entonces ingresa una operación en largo en la D. Si es un AB = CD bajista, ingresa en una posición corta en la D.

Para aclarar esto, aquí hay esquemas AB = CD alcistas y bajistas:

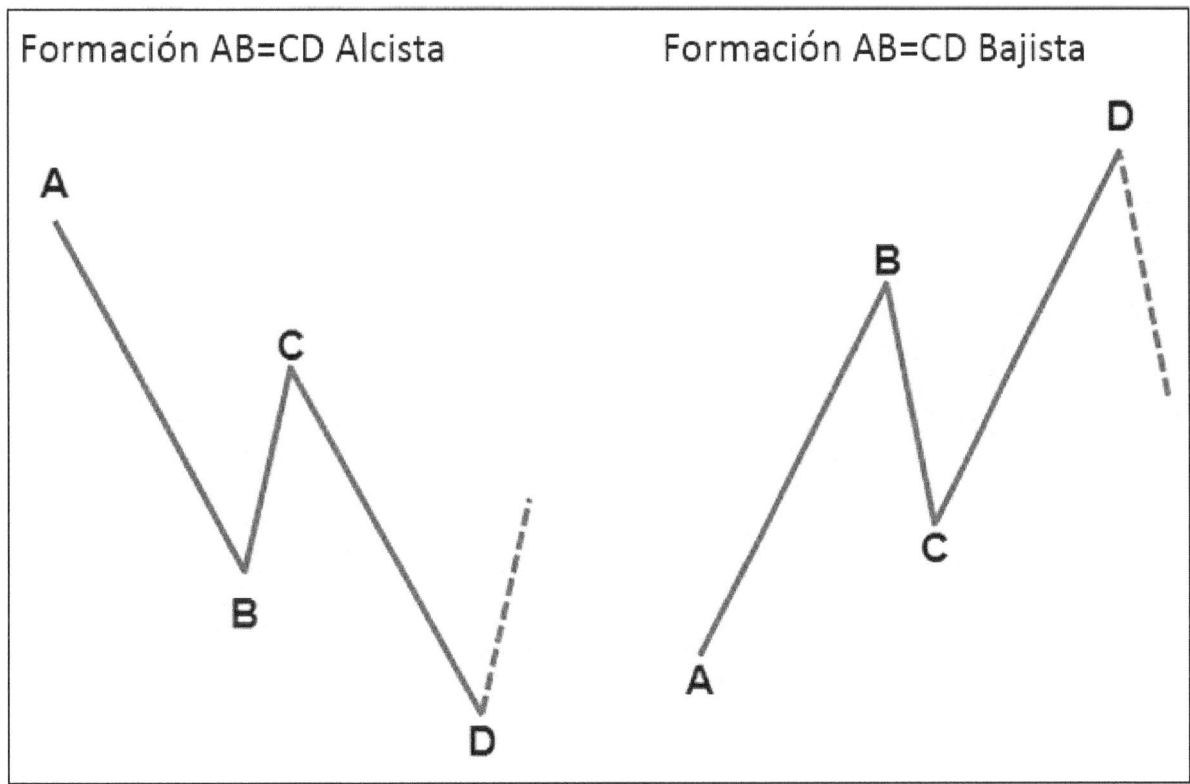

Puedes intercambiar esta configuración básicamente en todos los marcos de tiempo. Busco este patrón en gráficos de 30 minutos o 1 hora, gráficos de 4 horas, gráficos diarios y gráficos semanales. Por lo general, no busco este patrón en marcos de tiempo inferiores a los de 30 minutos.

Lo mejor para medir las distancias entre los puntos de oscilación es con la herramienta Fibonacci. Primero, coloca el Fibonacci de modo que el 0% esté en A y el 100% en B. Luego, asegúrate de que C sea más del 50% de esta distancia. Después de eso, mueve la herramienta fib (sin cambiar la distancia medida), de modo que el 0% esté en C. El 100% de Fibonacci te mostrará dónde está D (este es el lugar donde ingresas a tu operación).

Así es como encuentras la D en dos pasos:

Paso 1: Usa el Fibonacci para obtener puntos de swing significativos, haciendo A y B y encontrando C por debajo del 50% (en caso de un AB = CD Bajista)

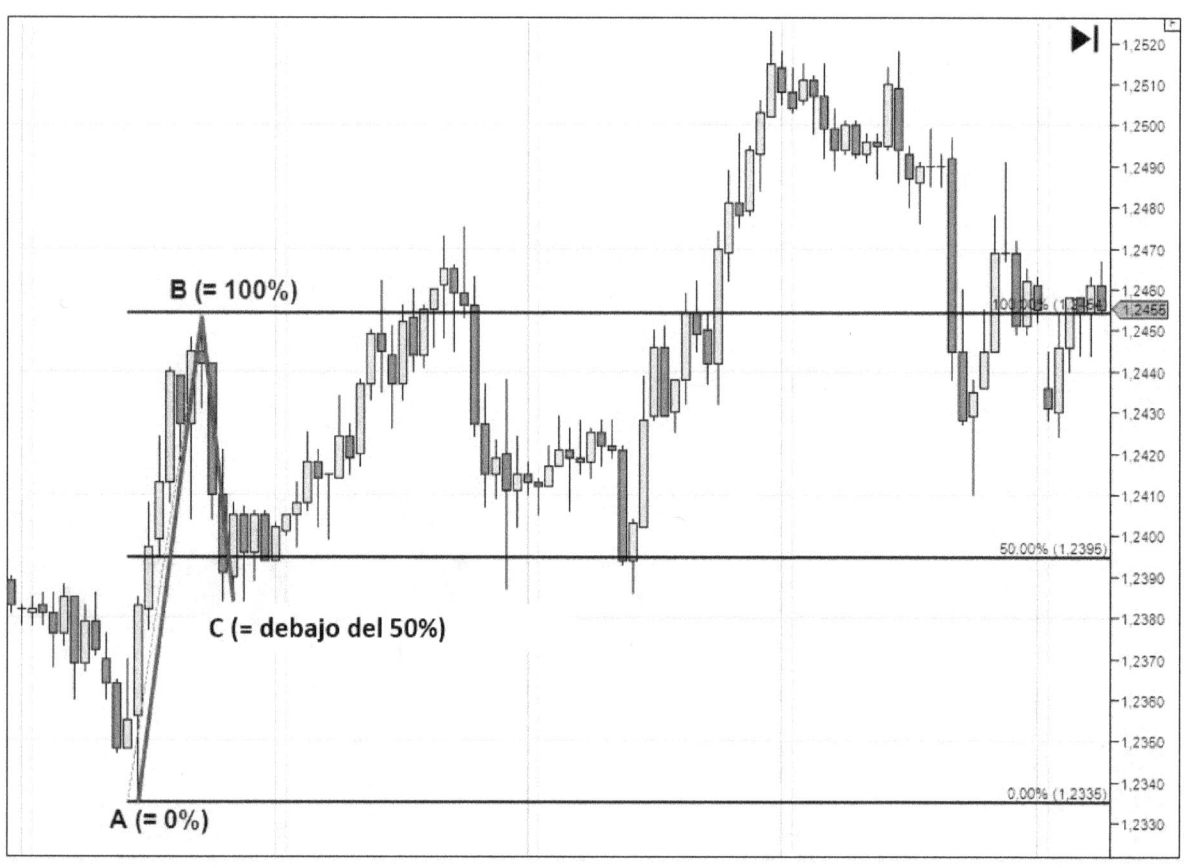

Paso 2: Coloca el 0% a C. No cambies la distancia medida de AB. De esta manera encontrarás la D que está al 100%. Desde este lugar (D) ingresarás en una operación en corto:

Aquí hay algunos ejemplos de operaciones reales del patrón AB = CD:

Alcista AB = CD (EUR/USD, marco de tiempo de 60 minutos)

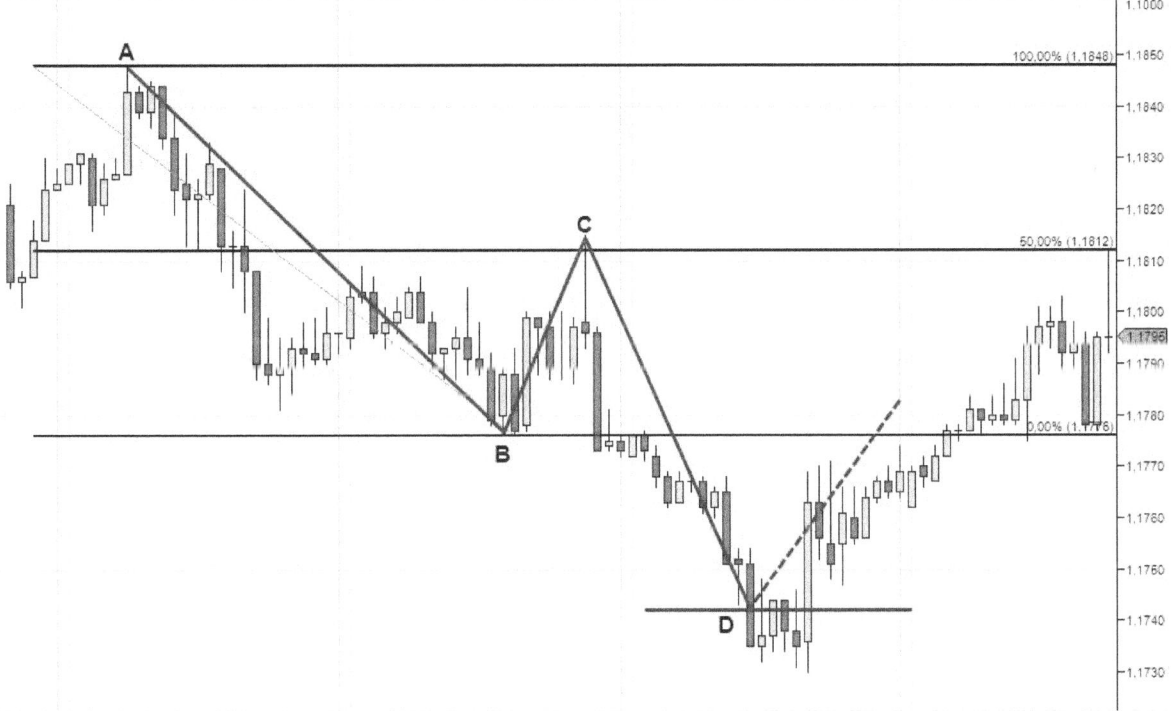

Bajista AB = CD (EUR/USD, marco de tiempo de 240-minutos)

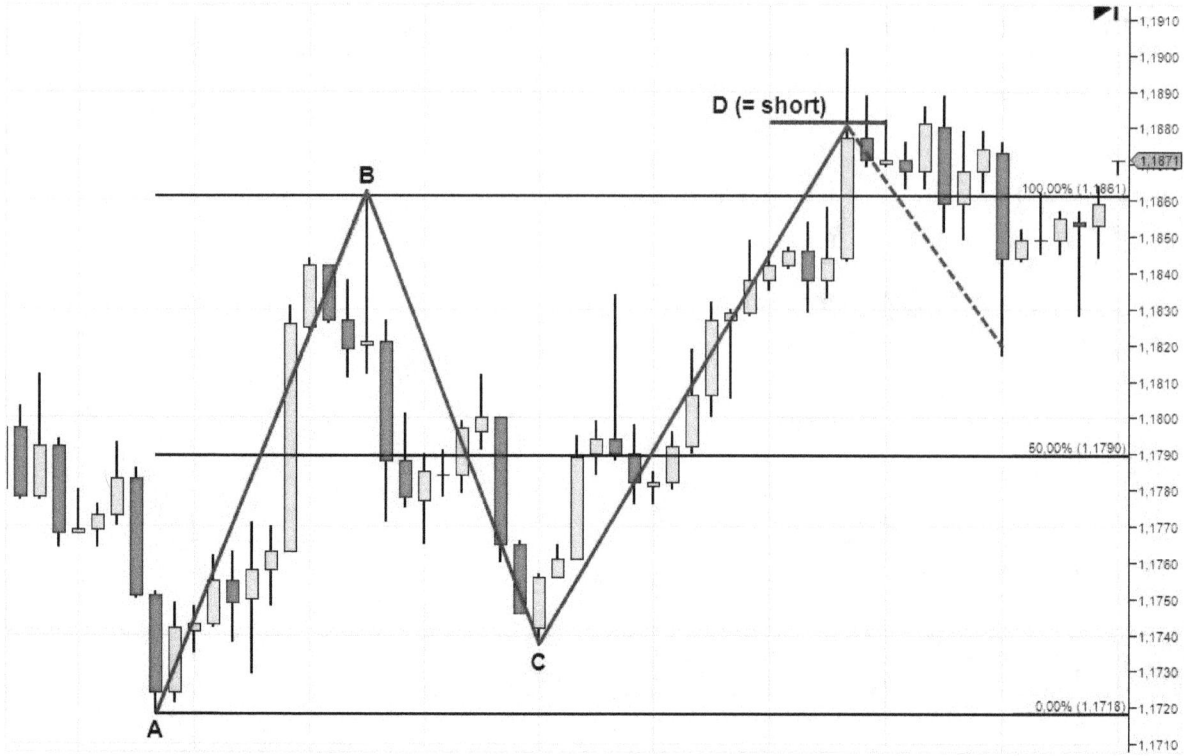

Estrategia 4: Sesión Abierta

Hay tres sesiones de operaciones: asiática, europea y estadounidense. El nombre de cada sesión indica dónde se está intercambiando la mayor parte del dinero. La duración de la sesión se define por los horarios de apertura de los mayores intercambios financieros en el área dada. La sesión asiática comienza con la apertura del intercambio de Tokio, la sesión europea comienza con la apertura del intercambio de Londres y la sesión de EE. UU. Comienza al abrir el intercambio de Nueva York.

Aquí hay una visualización de los horarios de apertura de los principales intercambios de la página web www.forexmarkethours.com:

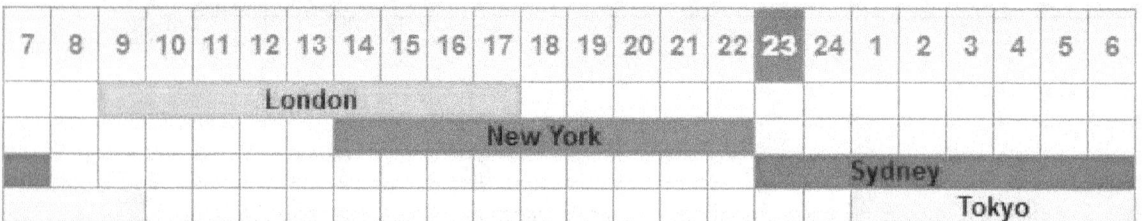

Es muy útil marcar los lugares donde las sesiones se abren en tus gráficos. Esos lugares son una especie de puntos de orientación a partir de los cuales se desarrolla el mercado. Con esto, puedes detectar el ambiente de mercado de cada sesión de operaciones.

Un lugar donde la sesión se abra no solo es un buen punto de orientación sino también un nivel de soporte/resistencia. Si se inicia una sesión de operaciones y el precio baja, entonces el lugar donde se abrió la sesión se convierte en una zona de resistencia. Si, por otro lado, la sesión comienza con un movimiento hacia arriba, entonces el lugar donde se abrió la sesión se convierte en un soporte.

Realmente no cambio las zonas de soporte/resistencia basadas en Sesión Abierta como una estrategia independiente, pero es una buena adición y otra confirmación de mi estrategia preferida. Recuerda: cuantas más confirmaciones de un nivel encuentres, mejor.

La imagen de abajo muestra el comienzo de la sesión en los Estados Unidos (NY abierto). Cuando el precio desciende por debajo de esta área, el lugar donde se abrió la sesión de EE. UU. Se convierte en una zona de resistencia. Hay una reacción a la sesión abierta cuando el precio vuelve a esta área.

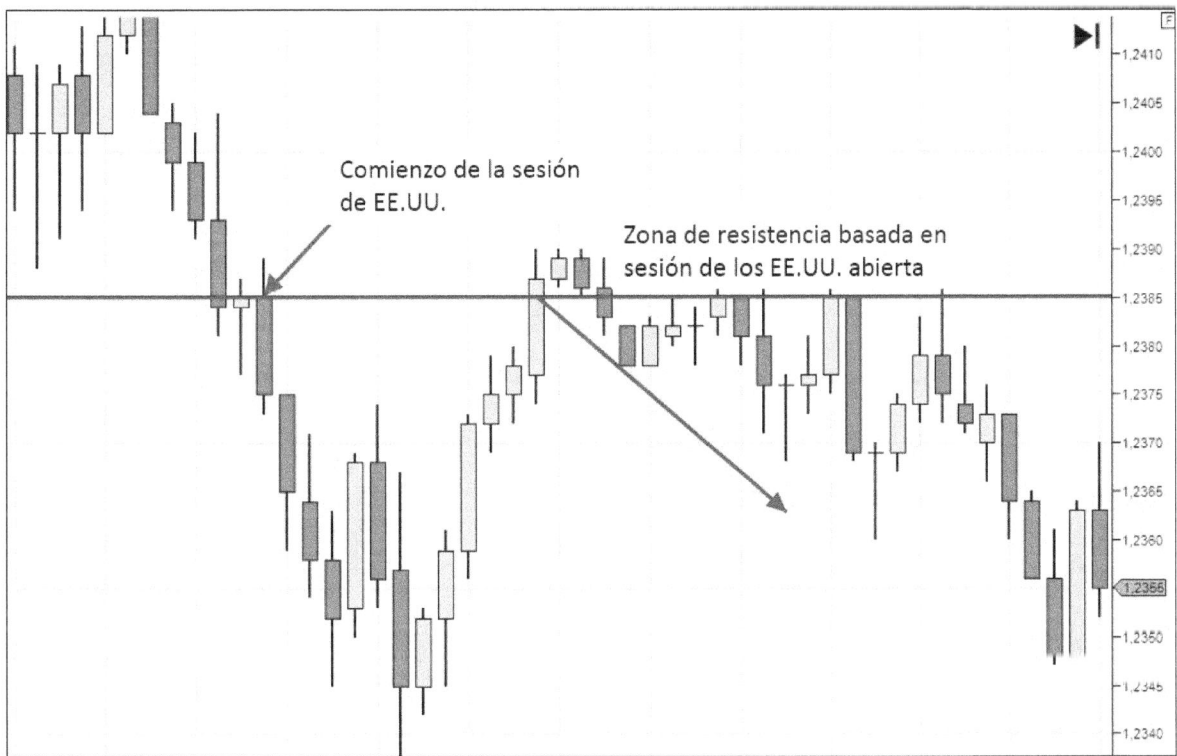

Estrategia 5: Abierto Diariamente

Para mí, el soporte/resistencia más fuerte, en lo que respecta a la sesión abierta, es el lugar donde termina un día y comienza un nuevo día (= el Abierto Diario). Esto es en el cierre de Nueva York a las 5:00 p.m. Hora de Nueva York.

Con la estrategia de apertura diaria, esperas una apertura diaria y luego verás si el precio sube o baja. Necesitas ver algunas velas por encima o por debajo de lo abierto. Si el precio sube después del horario de apertura, el lugar donde se abrió el día se convierte en soporte. Si el precio baja después de la apertura diaria, entonces el lugar donde se abrió el día se convierte en una resistencia. A continuación se muestra un Abierto diario con dos agradables reacciones intradía en un gráfico de EUR / USD de 30 minutos.

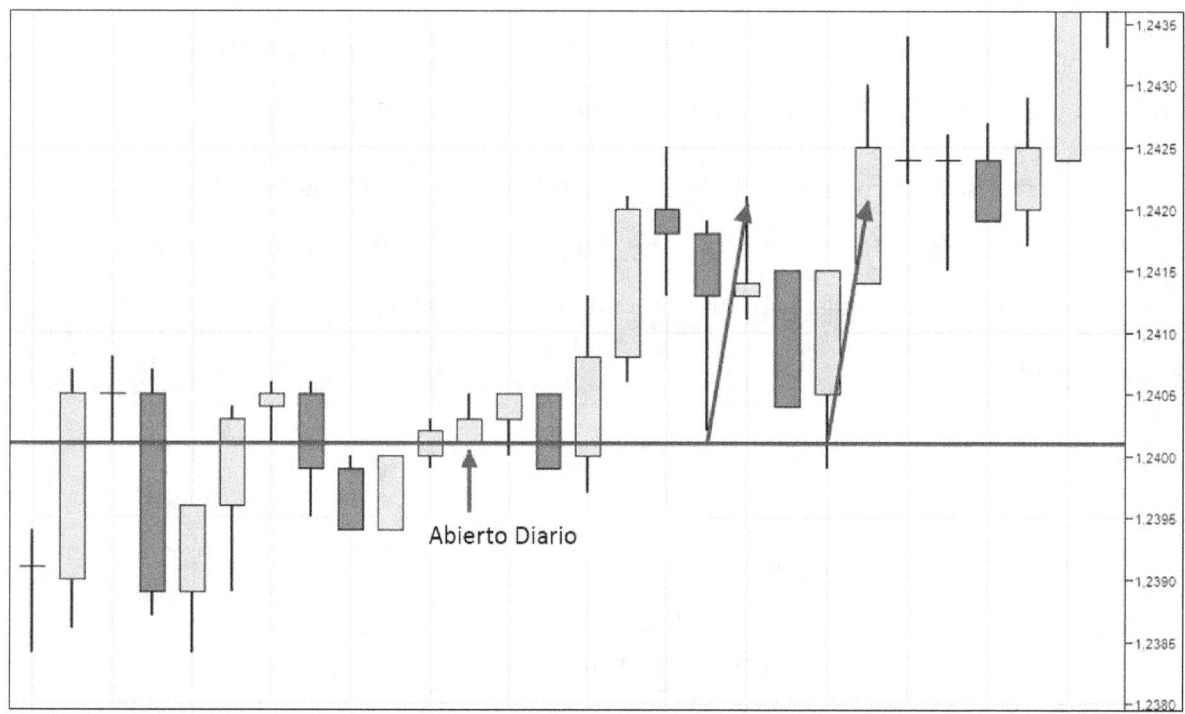

Utilizo esta estrategia solo como confirmación de mis principales estrategias basadas en el volumen. No la cambio como una estrategia independiente. Sin embargo, cuantas más señales y confirmaciones haya a nivel de operaciones, mejor.

Estrategia 6: Alto y bajo diario/semanal

Los altos y bajas de los días o semanas anteriores son áreas bastante significativas. Ellos marcan los lugares donde el precio no pudo subir o bajar. Un máximo diario nos muestra el lugar donde los compradores detuvieron su actividad de compra y los vendedores se hicieron cargo. Un bajo diario muestra el lugar, donde los vendedores que manejaban el precio más bajo ya no tenían la fuerza o la voluntad suficientes para empujar el precio más bajo y los compradores se hicieron cargo.

Los participantes del mercado recuerdan muy bien los máximos y mínimos diarios, y tales lugares a menudo funcionan como zonas de fuerte soporte/resistencia. Cuando el precio regresa al área donde estaba el máximo o mínimo del día anterior, todos están observando, y están interesados en si esta área será atravesada o no. No es tan fácil atravesar una zona de soporte / resistencia tan fuerte. Por lo general, se necesita mucha fuerza (= muchos volúmenes) para empujarla. La razón es que muchas personas están "defendiendo" un lugar así. Es defendido por quienes crearon el máximo/mínimo diario el dia anterior (o hace unos días). Ellos están defendiendo sus posiciones y sus intereses.

La estrategia obvia sería entrar en largo desde el mínimo del día anterior y entrar en corto desde el máximo del día anterior. Yo personalmente no opero de esa manera. La razón es que hay muchas rupturas falsas a través de estas zonas S / R y simplemente no funciona tan bien. Sin embargo, hay otra manera de negociar los máximos y mínimos diarios (semanales). Es la forma que yo prefiero. Va así:

En primer lugar, espero que se rompa el máximo del día anterior (o de cualquier otro día anterior). Esto me da información de que una fuerza fuerte empujó a través de un fuerte soporte/resistencia. Fuerza fuerte = compradores fuertes o vendedores fuertes. Si recuerdas la Estrategia 1: soporte volviéndose en una resistencia (y viceversa), entonces probablemente sabes lo que hago a continuación. El soporte roto se convierte en resistencia y la resistencia rota se convierte en soporte.

Escenario de operación en largo: Espero a que se rompa el máximo del día anterior (resistencia). Después de eso, necesito ver algo de Acción del Precio por encima del máximo. Cuando cambio operaciones intradía, son al menos 1-3 velas de 30 minutos. Para las operaciones de swing, es de 1-3 velas diarias. Después de eso, considero que es el soporte adecuado y espero que el precio vuelva a este soporte. Cuando vuelve entro en una posición larga. Básicamente estoy buscando una manera de entrar en largo desde el máximo del día anterior. Aquí hay dos ejemplos, ambos en el gráfico de 30 minutos de EUR/USD

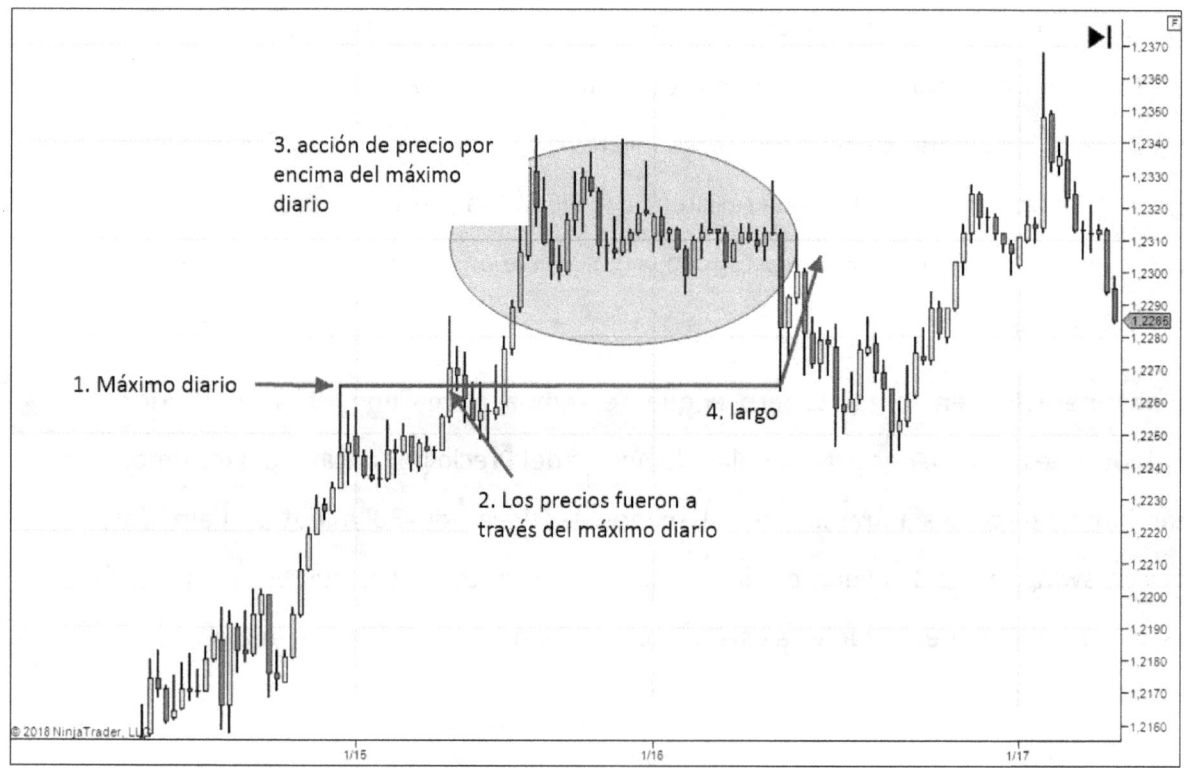

Escenario de operación en corto: En este caso, espero que se rompa el mínimo del día anterior (soporte). Después de eso, necesito ver algo de Acción del Precio por debajo del mínimo. Después de eso, la considero que es una buena resistencia y espero que el precio vuelva a esa resistencia. Cuando vuelve, entro en una posición corta. Simplemente estoy esperando la oportunidad de participar en una transacción en corto desde el mínimo del día anterior.

Aquí hay un ejemplo en el gráfico EUR / USD de 30 minutos para que sea más claro:

Realmente no importa si el precio rompe el nivel máximo / mínimo de ayer o si rompe un máximo / mínimo que tiene unos pocos días. Todas esas son fuertes zonas S / R. Sin embargo, es importante que el nivel máximo / mínimo no se haya probado, y que no se cree un nivel máximo o mínimo más alto. Si se prueba y se crea un nuevo nivel máximo / mínimo, ya no lo considero una zona S / R válida.

La misma configuración se aplica a los máximos y mínimos semanales. Esas son zonas de soporte / resistencia realmente fuertes, y las opero de la misma forma que los máximos / mínimos diarios.

Máximos/Mínimos fuertes o débiles

Distinguir un máximo fuerte de un máximo débil o distinguir un fuerte mínimo de un débil mínimo no es una estrategia de operaciones independiente. Sin embargo, poder distinguir la diferencia es bastante crucial. De hecho, en cada transacción que se basa en mis principales estrategias basadas en el volumen, considero si mis niveles están cerca de máximos o mínimos fuertes o débiles. Esto es de lo que se trata:

Máximo/mínimo fuerte

La formación de máximos y mínimos está estrechamente relacionada con la agresión. La vela más simple y ampliamente conocida que muestra **agresión reactiva** es una vela de **barra de alfileres**.

Patrones de Barra de Alfileres

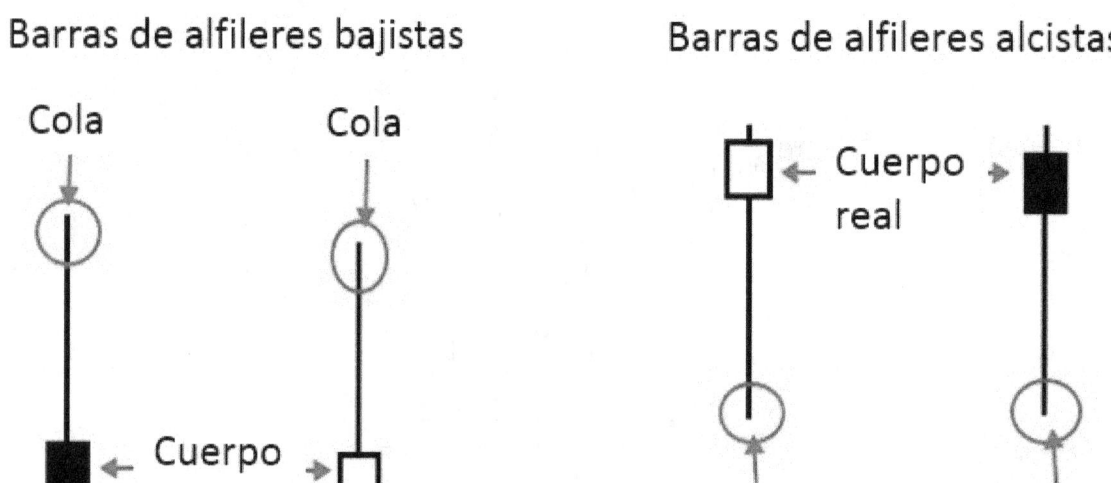

Hay más formaciones de vela similares a la barra de alfiler, pero realmente no necesitas saber sus nombres o definiciones. Lo que todas ellas tienen en común son colas largas y un cambio rápido en dirección. La cola larga significa que había una actividad de reacción fuerte y agresiva. Esto es exactamente cómo distingues fuerte máximo/mínimo de débil máximo/mínimo. Si hay un mínimo de swing donde puedes ver un rechazo fuerte y rápido de precios más bajos seguido por un movimiento agresivo hacia arriba estarás viendo un mínimo fuerte. Ve un ejemplo de un mínimo fuerte

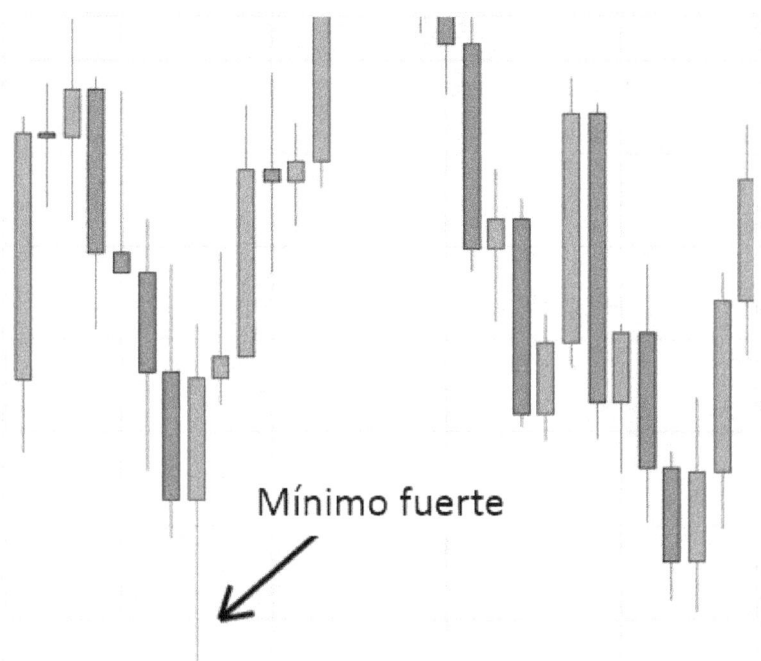

Mínimo fuerte

No tiene que ser barra de alfiler o formación de vela similar. Solo debe haber un área con un cambio de dirección aparente y rápido. Puedes ver otro ejemplo de agresividad aquí (fuerte en el gráfico de 5 minutos):

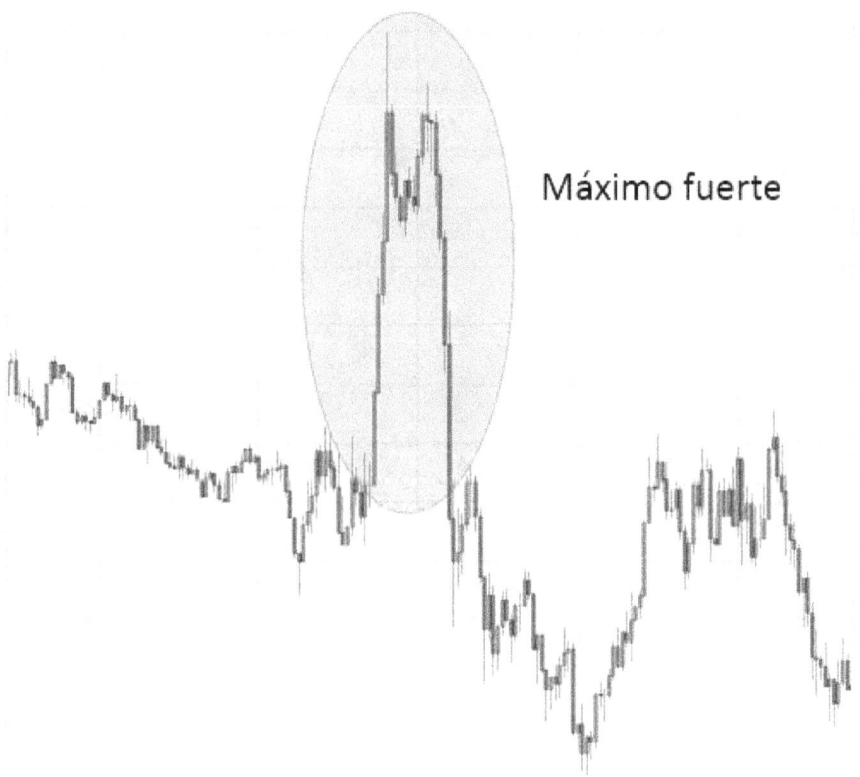

Máximo fuerte

Recuerda que estás buscando la agresión en los máximos / mínimos y no en las formaciones de velas en particular. El cambio de dirección agresivo es lo que importa, no la formación de velas. La razón es que las formaciones de velas son diferentes en cada período de tiempo, pero los **máximos / mínimos fuertes formados por jugadores agresivos generalmente son visibles desde más de un período de tiempo.**

Máximos/mínimos débiles

Los máximos o mínimos débiles son exactamente lo opuesto a los fuertes. Tales puntos de swing se formaron lentamente, de mala gana y no hubo ninguna actividad agresiva aparente. Los puntos débiles swing pueden ser identificados por muchos nudos de muchas velas que están "probando" alguna área, pero no hay una vela que pueda probar mucho más allá de todas las otras velas (si la hubiera, sería un signo de una fuerte punto swing). Si no existe una vela de este tipo, solo muchas velas probando la misma área, entonces es un nivel máximo / mínimo débil.

En el siguiente ejemplo, puedes ver que el precio sube y luego gira muy lentamente y de mala gana. No hay agresión aparente en el punto swing de esta área. Simplemente no había vendedores agresivos para rechazar los precios más altos agresivamente. Este es un máximo débil.

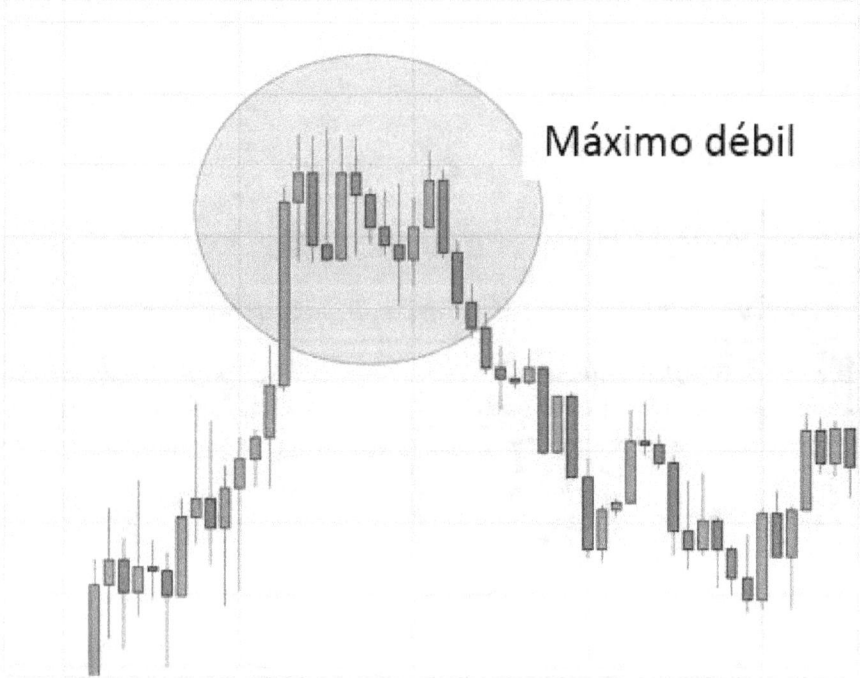

Cómo implementar esto en operaciones:

Ahora, sabes la diferencia entre máximos y mínimos fuertes y débiles. **Los máximos/mínimos fuertes son fuertes zonas de soporte/resistencia porque marcan lugares en la tabla donde estaban presentes compradores / vendedores agresivos.**

Los máximos/mínimos débiles son lugares donde no hay participantes agresivos en el mercado.

No sugiero que intercambies cada máximo / mínimo fuerte que veas. Te sugiero que seas consciente de ellos en tus operaciones y que adaptes tu estrategia de acuerdo con la fuerza y la agresividad de cómo se formaron los máximos/mínimos.

Por ejemplo – imagina que estás en una posición larga y que ves que el precio se está acercando a un área en la que estaban los vendedores agresivos (máximo fuerte). Al ser consciente de este máximo fuerte, abandonas tu posición antes de que alcance esta área. Así es como se usa el conocimiento de máximo fuerte para proteger tu ganancia y salir de la operación antes de que la posición llegue a una "zona de peligro" (= zona de resistencia creada por un máximo fuerte). Aquí hay un ejemplo:

Aparte del máximo fuerte, también hay una máximo débil en la imagen. Un error común sería entrar en corto desde este máximo débil o abandonar temprano tu posición en largo. El precio generalmente vuelve a probar las áreas débiles, y tiende a hacer máximos / mínimos fuertes con el tiempo. Los puntos máximos / mínimos débiles son lugares en los que es probable que el precio se dispare. No hay razón para abandonar tu operación si te diriges a un área máxima / mínima débil. Si el área es realmente débil, lo más probable es que el precio la pruebe y la atraviese.

Permíteme ilustrar los errores comunes que suelen cometer los principiantes:

Por lo general, busco puntos swing fuertes / débiles cuando estoy creando mis niveles de operaciones. Realmente me gusta ubicar mis niveles en áreas donde hubo un fuerte rechazo (fuerte máximo / mínimo) aparente. El fuerte rechazo marca la agresividad de los participantes del mercado que "ayudarán" a proteger mi posición e impulsarán el precio en la dirección que deseo. Aquí hay un ejemplo:

fuerte rechazo de precios más altos = alto fuerte
(vela de barra de alfiler/vela con mecha larga)

Nivel de operación en corto basado en
mi configuración de operaciones

corto

Por otro lado, si veo un mínimo débil por debajo de mi nivel largo o un máximo débil por encima de mi nivel corto, entonces no tomo la operación. La razón es que un mínimo débil por debajo de un nivel largo atraería el precio para probar por debajo de este mínimo débil. El mismo escenario es un máximo débil por encima de un nivel corto. Esto atrae el precio para probar por encima del máximo débil.

Aquí hay un ejemplo de un nivel corto que no es tan bueno porque hay un máximo débil por encima de él.

Puedes ver cómo el máximo débil atrae el precio que lo atravesará después.

La razón por la que el mercado tiende a probar esos puntos débiles es que realmente no hubo ningún rechazo fuerte en el punto de cambio, por lo que los participantes del mercado quieren probar y probar si no hay alguien dispuesto a negociar por encima de los máximos débiles (o por debajo de los mínimos débiles). ¿Por qué el mercado hace eso? La razón es que cuantas más operaciones y volúmenes se realicen, mejores serán para las grandes instituciones que necesitan ingresar sus posiciones y para que los creadores de mercado ganen más dinero al vincular la compra con las órdenes de venta.

Subasta Fallida

El movimiento de precios y las operaciones tienen mucho en común con un proceso de subasta. El movimiento de precios es básicamente una subasta que no tiene fin. Una subasta fallida es una subasta incompleta. Es una imperfección que tarde o temprano será eliminada.

Imagina estar en una subasta ordinaria, por ejemplo, de una pintura. Digamos que el precio inicial es de $1000. Hay 10 compradores dispuestos a comprar por este precio. Por $1500 hay 5 compradores dispuestos a pagar. Luego, el precio aumenta cada vez más hasta que solo queda una persona: la persona que ofrece más. Este es un ejemplo de una subasta completa y exitosa.

Una subasta fallida sería si hubiera dos personas dispuestas a pagar, digamos $2000, y en este punto, la subasta terminaría. Esto sería una subasta fallida porque la subasta exitosa solo tiene un ganador que obtiene el premio (por ejemplo, la pintura).

Es lo mismo con las operaciones. Lo haré un poco más simple de lo que es, pero aun así, el principio es el mismo. En operaciones **siempre debe haber un "último tipo" en la parte superior (o inferior) del máximo / mínimo del swing. El último en hacer el trato antes de que el precio gire y se dirija hacia otro lado** (y comienza una nueva subasta en la otra dirección). Ve una imagen abajo:

En la imagen de arriba **hay una subasta exitosa**.

Si la subasta falla, sin embargo, entonces hay más personas operando en la parte superior (o inferior) del swing máximo / mínimo. Desde este lugar, un nuevo proceso de subasta comienza en la otra dirección, aunque la subasta anterior no haya terminado (no tuvo éxito). Esto es un poco raro porque no había un "último hombre" para hacer el último trato (el "ganador" de la subasta = el que obtiene la "pintura"). Entonces, hay pocos hombres en la parte superior del punto de swing que probablemente estén listos para luchar por el premio, pero no obtienen la oportunidad. En este caso, la subasta ha fallado porque no tiene un ganador.

La subasta fallida es una imperfección. El mercado eventualmente lo solucionará y les dará a esos tipos que se encuentran en el punto de la parte superior swing la oportunidad de luchar y ver hasta dónde puede llegar el precio hasta que solo haya un "ganador". En otras palabras, **la subasta fallida es una imperfección que el mercado resolverá tarde o temprano. Las subastas fallidas funcionan como un imán. Si el precio se aproxima a una subasta de este tipo, es muy probable que lo pruebe y cree nuevos niveles máximos / mínimos para solucionar la imperfección.**

Aquí hay un ejemplo de una subasta fallida:

Subasta fallida = 2 (o más) velas tienen sus bajos en el mismo nivel de precio. En este nivel de swing la subasta hacia abajo "falló" para ser completada. A pesar de esto, una nueva subasta hacia arriba comienza.

¡Podemos usar el conocimiento de las subastas fallidas y exitosas para nuestro beneficio!

En la imagen de abajo marqué varias subastas fallidas. Observe cómo el precio reacciona a ellos y cómo dispara más allá de las subastas fallidas. Disparar precios a través de subastas fallidas resuelve la imperfección del mercado Un **precio que supera una subasta fallida lo convierte en una subasta exitosa.**

Las flechas nos muestran por dónde pasó el precio a través de las subastas fallidas para convertirlas en subastas exitosas.

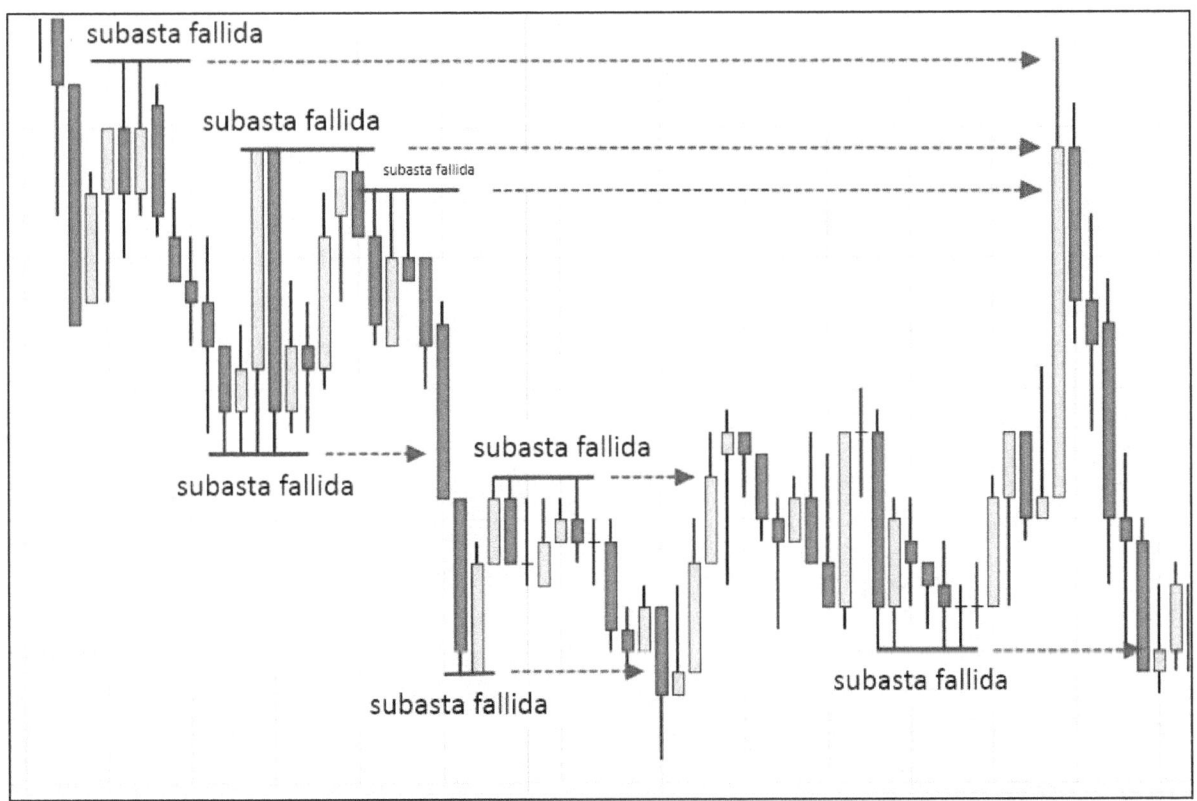

Otra imagen es un ejemplo de una operación que tomé ayer:

Estaba en una posición en largo y mi objetivo de beneficios normalmente sería de 10 pips (ese es el OBJETIVO DE BENEFICIO habitual para mis operaciones intradía). Sin embargo, hubo una subasta significativamente fallida cerca de mi objetivo de beneficio. Sabía que es probable que el precio supere la subasta fallida para deshacerse de esta imperfección y para probar si hay más compradores dispuestos a comprar por encima de este nivel de subasta fallido. Con este conocimiento, moví mi objetivo de beneficios un pip por encima de la subasta fallida, y en lugar de un beneficio de +10 pip, obtuve un beneficio de +13 pip. Aquí está la operación:

el precio falló 5 veces (!) de probar por encima de este nivel. Esta fue claramente una subasta fallida.

Objetivo de beneficio

entrar en largo a partir de aquí (106.53)

Si eres un operador de swing, entonces algunos pips pueden no parecer tan importantes para ti. Aun así, puedes usar la teoría de la subasta fallida también para operaciones de swing y ganar mucho más de +3 pips extra. Podría ser por ejemplo +30 pips en operaciones de swing. Lo bueno de todas las cosas que te muestro es que se pueden aplicar a todos los marcos de tiempo y todo tipo de operaciones.

Hay una forma más de usar la subasta fallida para tu ventaja. Como dije, la subasta fallida es una imperfección del mercado. Por esta razón, cuando el precio se acerca, la subasta fallida comienza a funcionar como un imán. El precio se dirige a ella y, a través de ella, para "probar" por encima / debajo de la subasta fallida para eliminar la imperfección. Por lo tanto, siempre que consideres realizar una operación, siempre observa si hay una subasta fallida cerca.

Si quiero entrar en largo, entonces no quiero ver una subasta fallida por debajo de mi nivel largo porque el mercado empujaría el precio hacia la subasta fallida, para probar debajo de esta. Esto daría lugar a una operación perdedora.

Si quiero entrar corto, entonces no quiero ver una subasta fallida por encima de mi nivel corto Porque el mercado empujaría el precio hacia la subasta fallida, para probar por encima de ella. Esto daría lugar a una operación perdedora.

La subasta fallida es un concepto que utilizo todos los días, y lo encuentro extremadamente útil. Me ayuda a estirar mis objetivos de ganancias y también a prevenir malas operaciones. Busco subastas fallidas, principalmente en gráficos de 30 minutos cuando se realizan operaciones intradía y en gráficos diarios cuando estoy haciendo operaciones swing.

Perfil de volumen

¿Por qué los volúmenes son tan importantes?

En mi opinión, los volúmenes son la información más importante que el mercado nos puede dar. ¿Por qué es tan importante? Esto se debe a que alrededor del 80% de todas las operaciones y volúmenes se realizan solo por las 10 instituciones financieras más grandes (los grandes). Se mueven y manipulan los mercados. Tienen los mejores expertos en operaciones, tecnología, algoritmos y también cantidades extremas de dinero. Sin embargo, tener tanto dinero también es un problema. Es difícil para ellos mover esas cantidades, invertirlas y también ocultar sus intenciones de operaciones. Las grandes instituciones no pueden simplemente comprar 100,000 lotes de EUR / USD con un solo clic. Necesitan entrar en sus posiciones de forma lenta, inadvertida. Aun así, nunca podrán esconderse. Sus volúmenes siempre serán visibles, y siempre podremos rastrearlos. ¿Cómo? Con Perfil de volumen.

A diferencia de los indicadores de volumen estándar que solo muestran los **volúmenes en un tiempo**, el Perfil de volumen puede proporcionar información mucho más importante, que es el **volumen a un precio específico**.

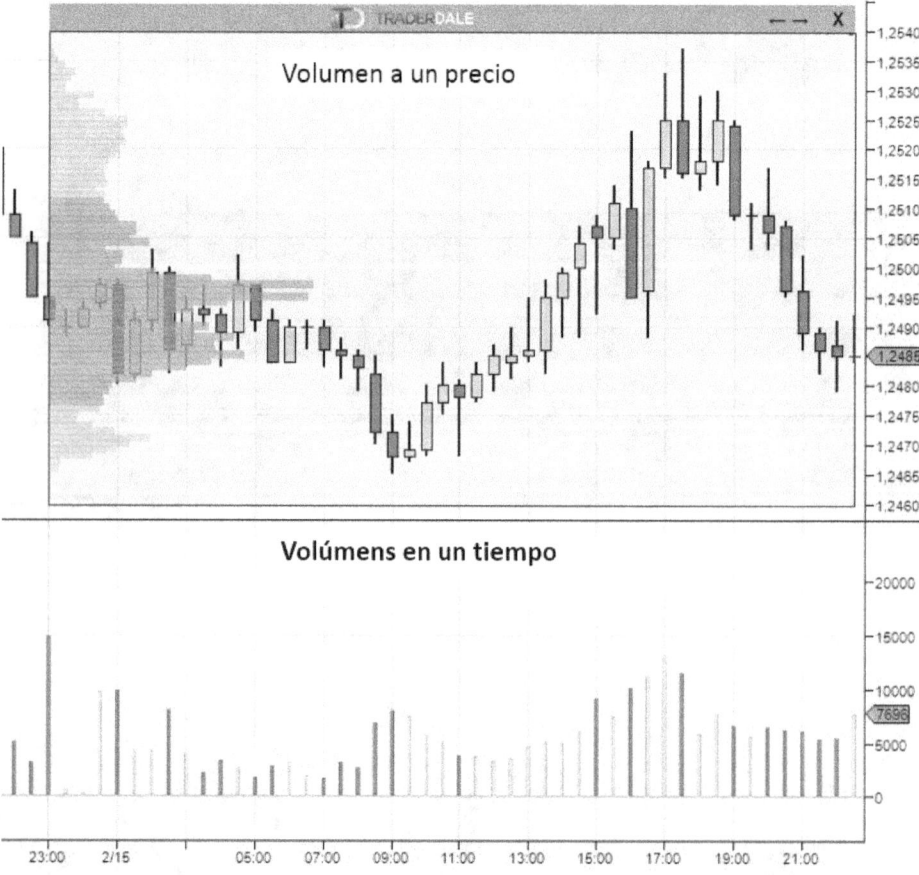

El volumen a un precio es muy valioso porque nos dice qué niveles de precios eran más importantes para los grandes que dominan los mercados. Cuantos más volúmenes se acumulen a un nivel de precios específico, más significativo será el nivel de precios.

Puedes indicar la cantidad de volúmenes por el grosor del Perfil de volumen. En un lugar donde el perfil es amplio, se acumulan grandes volúmenes. Cuando el Perfil de volumen es delgado, solo se comercializaron volúmenes bajos.

Dónde conseguir perfil de volumen

Puedes obtener mi **Perfil de Volumen Flexible** personalizado en mi página web (https://www.traderdale.com/flexible-volume-profile-forex-indicator/) en la sección Perfil de volumen.

Mi Perfil de volumen fue desarrollado para la plataforma NinjaTrader. La razón principal por la que se ejecuta en esta plataforma es que NinjaTrader puede brindarnos **datos precisos del volumen de tics**. Los datos de volumen de tics son los datos más precisos que puedes obtener. Desafortunadamente, el MetaTrader estándar no puede coincidir con NinjaTrader porque MT está diseñado para usar solo datos de 1 minuto, lo cual es bastante malo. La diferencia puede no parecer tan evidente, ¡pero créeme cuando digo que esto realmente hace la diferencia entre operadores exitosos y no exitosos! ¡Es algo importante!

Puedes jugar y aprender con el indicador Perfil de volumen diseñado para Metatrader como desees, pero no esperes ser tan rentable como podrías serlo con las herramientas adecuadas. Esto es especialmente cierto para las operaciones intradía. Para un análisis preciso, necesitas datos de tic. Hice una comparación de perfil de volumen en la imagen de abajo. La **imagen de la izquierda es un Perfil de volumen de Metatrader (datos de 1 minuto), la imagen de la derecha es mi Perfil de volumen flexible de la misma área de NinjaTrader (datos de volumen de tic).** Si observas detenidamente, verás los detalles y la precisión en la imagen correcta. En la imagen de la izquierda (Metatrader) faltan todos los detalles. Tales detalles a menudo hacen la diferencia entre ganar o perder.

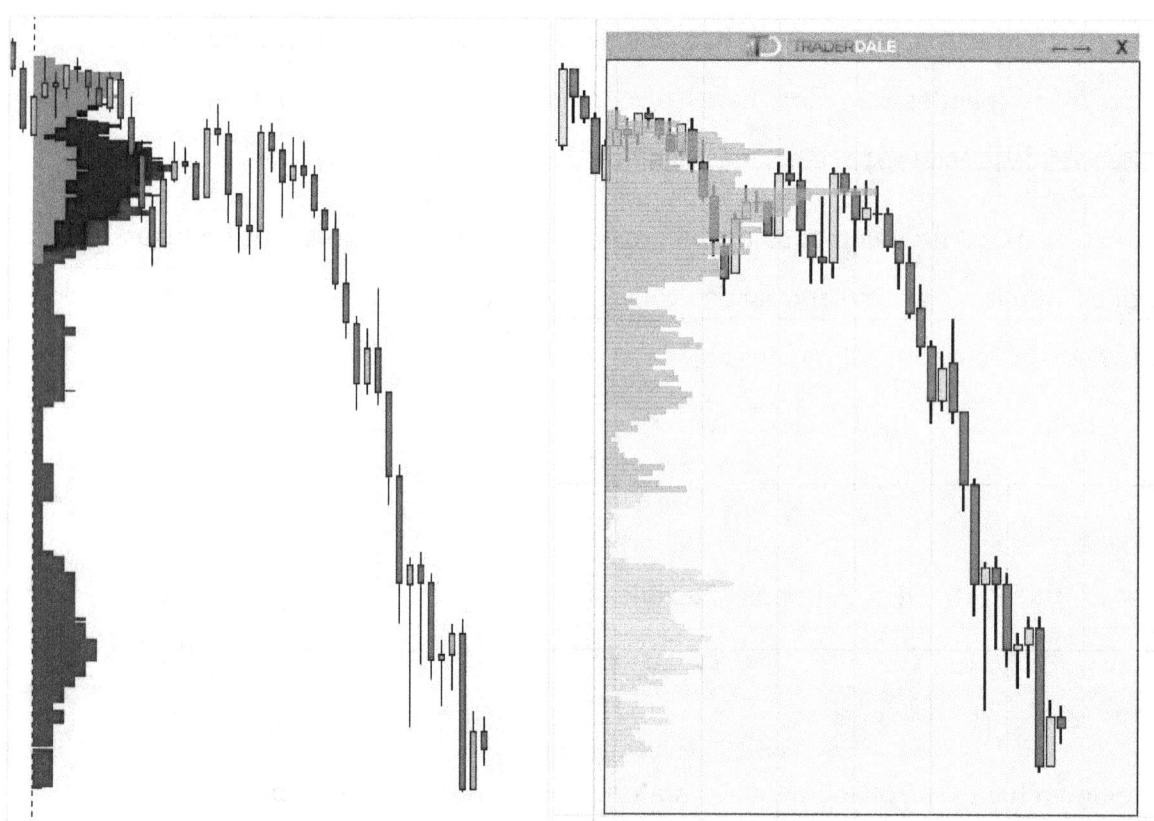

Realmente no veo una razón para no usar la plataforma NinjaTrader para tu análisis (aparte de la pereza pura). NinjaTrader es gratuito y mucho más avanzado que Metatrader. Personalmente hago mi análisis con el software NinjaTrader y luego ejecuto mis operaciones en la plataforma de operaciones de mi intermediario.

Dónde obtener datos

También deberás obtener una fuente de datos sólida para tus datos de Perfil de volumen. Tener un buen volumen de datos es esencial.

Si deseas tener datos de volumen tan precisos como sea posible, entonces necesitas obtenerlos de un **intercambio centralizado**. Esto no es un problema para los operadores de acciones o índices, pero es un poco más complicado para nosotros, los operadores de divisas. Como ya sabrás, el mercado de divisas está descentralizado. Lo que significa que cada intermediario tiene datos un poco diferentes, pueden citar precios un poco diferentes y su acceso a la información sobre volúmenes es limitada. La verdad es que **los intermediarios de divisas nunca te brindarán información completa y precisa sobre los volúmenes**. La buena noticia es que los grandes intermediarios, como por ejemplo el FXCM que uso para la alimentación de datos (y solo para la alimentación de datos) tienen bastante buena información sobre los volúmenes, y aunque este intermediario cubre solo una parte del mercado de divisas, proporciona una Información buena y precisa sobre volúmenes. No es 100% preciso, pero es lo suficientemente preciso como para basar sus operaciones intradía. Es más que suficiente para planificar tus operaciones de swing, ya que no es necesario que sean tan precisas como las operaciones intradía.

Si deseas que tus datos de volumen sean precisos al 100%, entonces necesitas usar un mercado centralizado, que es **futuros** (puedes usar, por ejemplo, la fuente de datos de CQG). Desafortunadamente, no hay futuros para todos los pares de divisas, pero existen futuros para todas las monedas principales. Los futuros para el EUR / USD se llaman 6E, AUD / USD es 6A, USD / CAD es 6C, USD / JPY es 6J,...

Si utilizas datos de futuros, puedes estar seguro de que todos los habitantes del planeta ven el mismo volumen y datos de precios que tú. Esto se debe a la centralización de futuros.

Uso los futuros solo para mis operaciones intradía en EUR / USD (6E), AUD / USD (6A), USD / CAD (6C) y USD / JPY (6J). Después de finalizar mi análisis de nivel, recalculo mis niveles de operaciones de futuros a valores de forex y luego ejecuto mis operaciones en forex (con mi intermediario de forex). Esto es, en mi opinión, un poco más barato que el operar con futuros de divisas directamente.

Sin embargo, usar futuros como yo lo hago no es del todo necesario. Aún puedes confiar de manera bastante segura en los datos de divisas y los volúmenes proporcionados por FXCM, que proporciona volúmenes muy cercanos a los volúmenes de futuros centralizados.

En lo que respecta a las operaciones swing, los datos de divisas y los volúmenes de divisas son, en mi opinión, bastante suficientes. No necesitas datos tan precisos como las operaciones intradía con tus operaciones swing.

La conclusión es: **si deseas ser extremadamente preciso en tus operaciones intradía, realiza tu análisis utilizando datos de futuros. Aun así, la buena calidad de los datos de divisas (por ejemplo, de la alimentación de datos de FXCM) es suficiente para crear niveles de operaciones rentables. Si realizas operaciones swing, no te molestes con los futuros y realiza tu análisis con datos de forex de buena calidad (FXCM).**

- Si deseas utilizar buenos **datos de forex**, te sugiero que abras una cuenta de demostración gratuita con FXCM y obtengas su fuente de datos de por vida gratis. Aquí hay un enlace: Datos FXCM ilimitados gratuitos (demo).
  - Si prefieres hacer tu análisis utilizando **datos de futuros**, entonces puedes usar una versión de prueba gratuita de datos de CQG. La versión de prueba está vinculada por correo electrónico y caducará después de algún tiempo. Consíguela aquí: CQG futuros – demo gratis

Perfil de volumen: Punto de Control

El lugar más significativo en cada histograma de Perfil de volumen es el **Punto de Control (PDC)**.

PDC es un lugar donde las instituciones intercambian la mayoría de sus volúmenes, posiblemente un lugar donde acumulan sus grandes posiciones de operaciones. Acumularon sus posiciones en un rango más amplio, pero PDC es un lugar donde acumularon la mayor parte de sus volúmenes. Sirve como un **punto de referencia muy sólido** para todos los participantes del mercado porque **muestra dónde se encuentra el interés de las instituciones**.

Echa un vistazo a dos ejemplos de diferentes formas de Perfil de volumen. PDC se destaca en cada una de ellas:

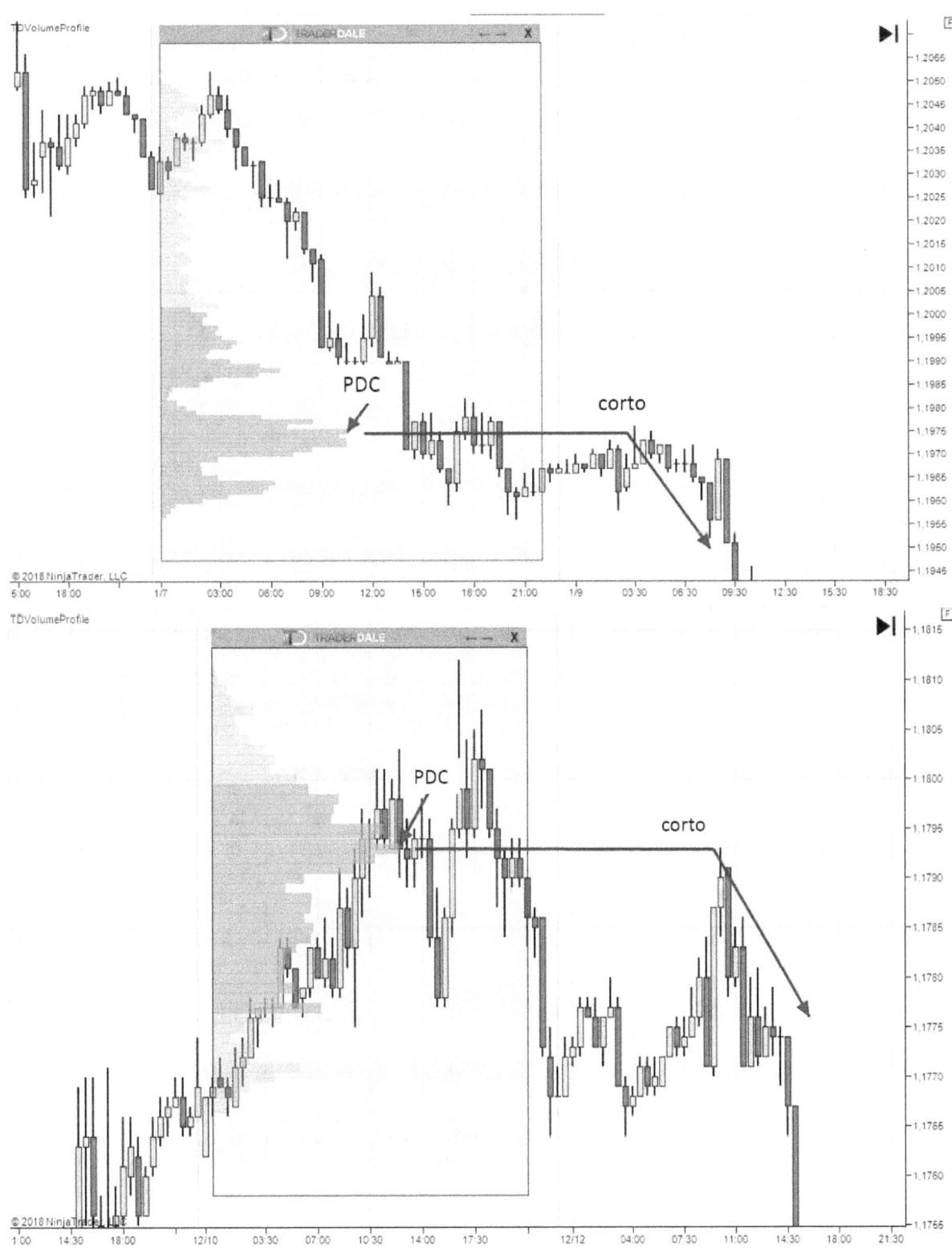

El precio generalmente hace reacciones bastante fuertes a los niveles de PDC. Sin embargo, en mis operaciones, no cambio los PDC a ciegas. Combino la información que obtengo de Acción del Precio con la información que proporciona el Perfil de volumen. Esta combinación me da el panorama perfecto del mercado que necesito para mi análisis.

Aparte de los PDC, también busco otras áreas de gran volumen. Funcionan más o menos de la misma manera que lo hacen los PDC. La lógica es la misma: **grandes volúmenes = grandes jugadores**.

Perfil de volumen: Diferentes perfiles y su aplicación

En este lugar, me gustaría mostrarte algunas de las formas más comunes que puede formar el histograma de Perfil de volumen. También te daré información básica sobre cada forma y los lugares más importantes para buscar en cada forma de perfil. Hay cuatro formas básicas que el Perfil de volumen puede formar.

"Perfil D "

El más común y conocido es el perfil D. Su forma es similar a una letra "D". Se forma cuando el mercado está "**equilibrado**". Esto significa que los compradores y vendedores encontraron un equilibrio temporal y ninguno de ellos es más agresivo que el otro. El precio está en una rotación o en un canal de precios lateral. El perfil en forma de D es por lo general, un signo de instituciones que acumulan sus volúmenes (= obtener posiciones grandes).

Hay 3 lugares importantes a tener en mente.

1. **Alto del D – perfil**
2. **Bajo del D – perfil**
3. Los lugares con grupos de volumen alrededor del máximo/mínimo de este perfil son fuertes zonas de soporte/resistencia. Por lo general, verás una agresión alrededor de lo máximo y mínimo de este perfil (vendedores agresivos en los máximos y compradores agresivos en los mínimos).

Los lugares con grupos de volumen alrededor del máximo/mínimo de este perfil son fuertes zonas de soporte/resistencia. Por lo general, verás una agresión alrededor de lo máximo y mínimo de este perfil (vendedores agresivos en los máximos y compradores agresivos en los mínimos).

Me gusta entrar en las **operaciones en corto en acumulaciones de volumen cerca del máximo del perfil D**, y **operaciones en largo en acumulaciones de volumen cerca del mínimo del perfil D**.

El **PDC** es un buen lugar para un **Objetivo de beneficio** (cuando hay un perfil de forma D)

Aquí hay un perfil típico en forma de D:

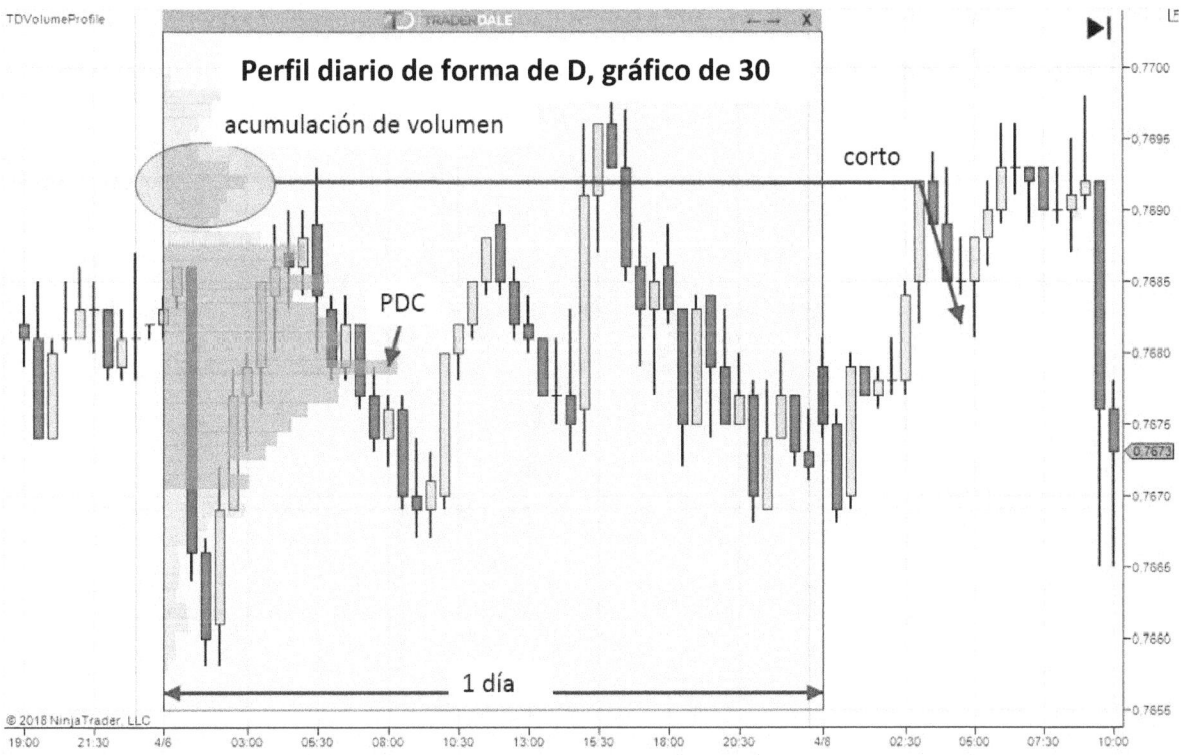

"Perfil P"

Su forma es similar a una letra "P". Se forma cuando hay compradores agresivos y vendedores débiles. Si observas la tabla de precios, probablemente verás velas de toros (compradores agresivos) y luego una rotación en el máximo del día (vendedores débiles).

Los perfiles P se pueden ver usualmente:

1. Cuando el mercado está **en una tendencia hacia arriba**

2. En el **final posible a una tendencia hacia abajo** (aunque está no es una regla dura).

Las áreas más importantes con perfil P son:

PDC: buena área de soporte si el precio sube (los) día(s) siguiente(s) y luego vuelve a esta área nuevamente (retroceso). El precio no tiene que volver a esta área inmediatamente al día siguiente. Pueden pasar varios días antes de que el precio vuelva a este PDC.

Acumulación de volumen en el área delgada del perfil: en este lugar, la agresión de los compradores fue más significativa: colocaron grandes volúmenes en el mercado para aumentar el precio. Si el precio regresa allí, es muy probable que estos compradores agresivos vuelvan a ser agresivos, defenderán sus posiciones y volverán a subir el precio.

Perfil de P típico se ve así:

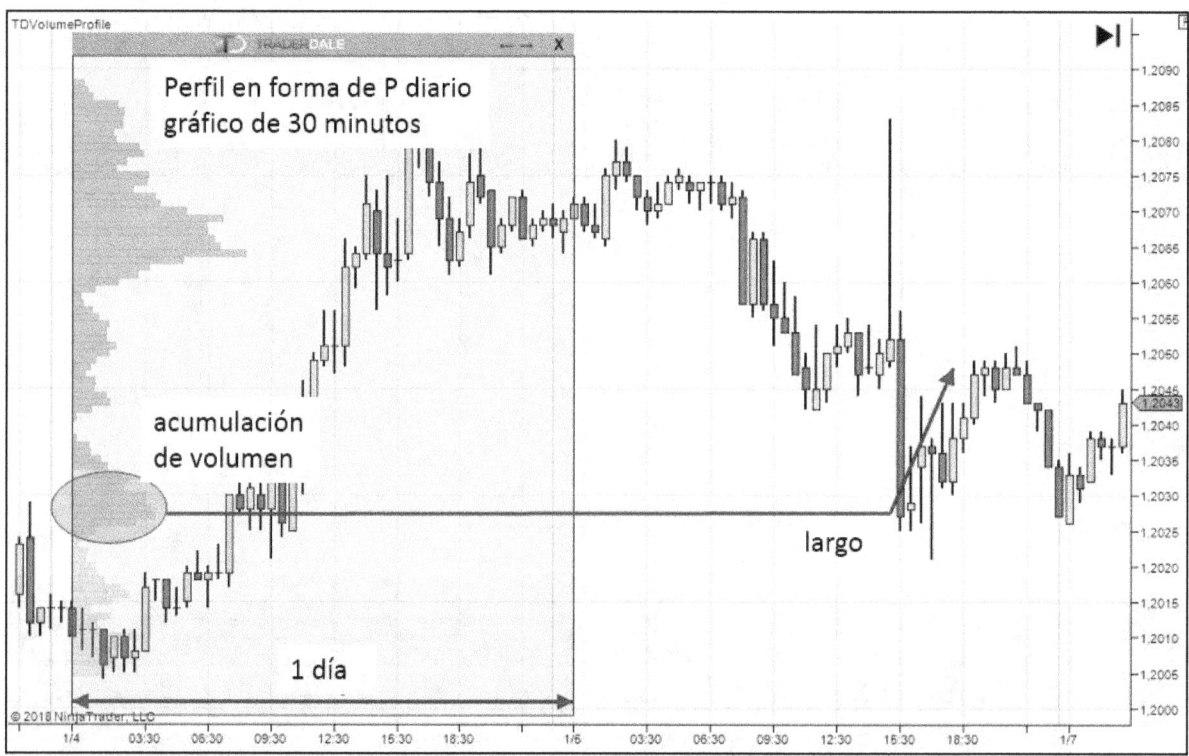

"Perfil B"

Su forma es similar a una letra pequeña "b". (Exactamente lo contrario del perfil P.) Se forma cuando hay vendedores agresivos y compradores débiles. Si observas el gráfico de Acción del Precio, probablemente verás velas de oso (vendedores agresivos) y luego una rotación en el mínimo del día (compradores débiles). Los perfiles de b se pueden ver generalmente:

1. Cuando el mercado está en **una tendencia a la baja**

2. En el posible **final de una tendencia a la alta** (aunque esta no es una regla dura).

Las áreas más significativas dentro del perfil b son:

• **PDC**: buena área de resistencia si el mercado cae al/los día(s) siguiente(s) y luego regresa a esta área nuevamente (retroceso). El precio no tiene que volver a esta área inmediatamente al día siguiente. Pueden pasar varios días antes de que el precio vuelva a este PDC.

• en este lugar, la agresión de los vendedores fue más significativa: colocaron grandes volúmenes en el mercado para mover el precio a la baja. Si el precio regresa allí, es muy probable que estos vendedores agresivos se vuelvan agresivos nuevamente, defenderán sus posiciones y volverán a bajar el precio. Perfil típico en forma de b se ve así:

"Perfil fino"

Los perfiles finos aparecen cuando hay una fuerte tendencia alcista o una fuerte tendencia bajista. Los perfiles finos son finos porque un lado del mercado es muy agresivo y mueve el precio muy rápidamente en una dirección. No hay mucho tiempo para la acumulación de volumen porque el mercado se está moviendo demasiado rápido. Por esta razón, generalmente hay pocos lugares con grupos de volúmenes más pequeños pero sin un área de acumulación de volumen importante.

Los lugares más significativos en un perfil fino son lugares donde el precio dejó de moverse por un tiempo, y el Perfil de volumen creó "**acumulaciones de volúmenes**". En estos grupos de volúmenes, los participantes agresivos del mercado se sumaron a sus posiciones de operaciones para participar aún más en la tendencia del mercado. Si el precio vuelve a estas zonas S/R (a las acumulaciones de volúmenes), estos participantes agresivos probablemente se volverán agresivos nuevamente y agregarán algunos volúmenes más al mercado para defender sus posiciones. Esto ayuda a mover el precio en la dirección de la tendencia de nuevo.

Una de mis estrategias de operaciones está basada en las operaciones de los grupos de volúmenes. Hablaré más sobre esto más adelante en este libro.

Recuerda:

• **Las acumulaciones de volúmenes significativas en la tendencia alcista (en un perfil fino) son buenas zonas de soporte.**
• **Las acumulaciones de volumen significativo en la tendencia bajista (en perfil fino) son zonas de buena resistencia.**

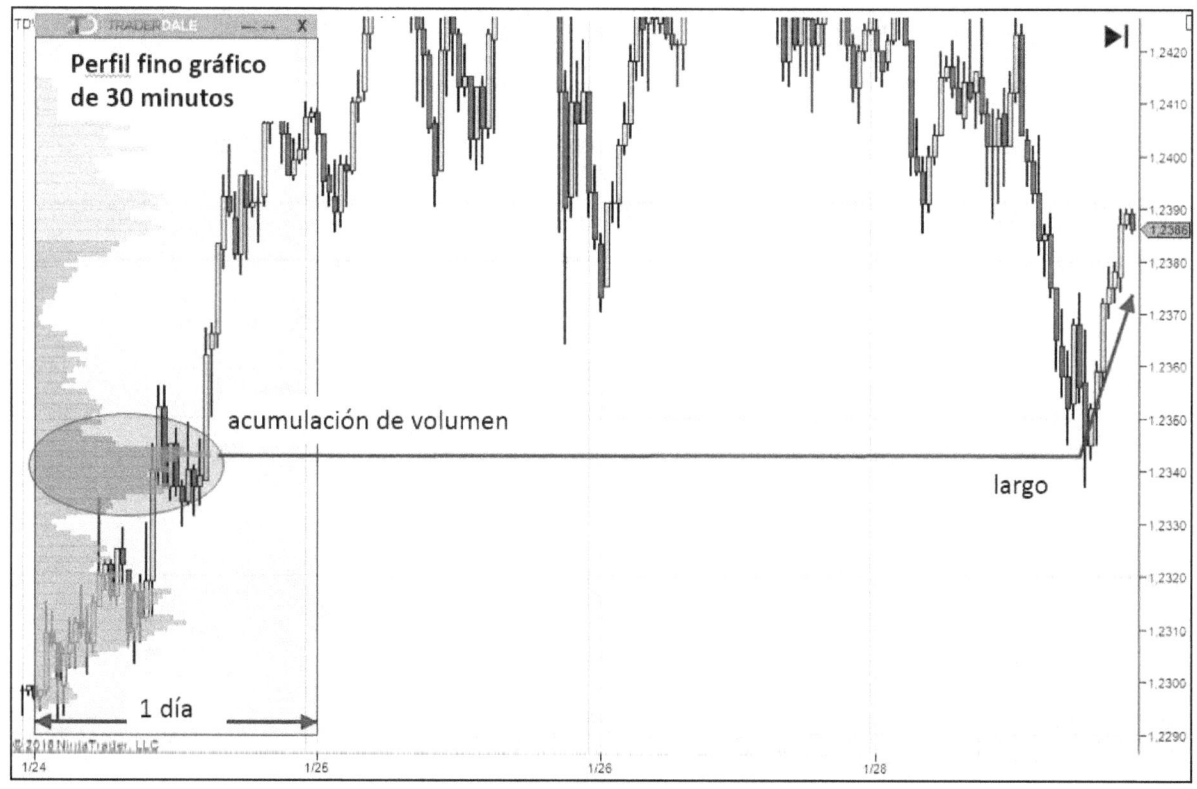

No todas las formas de histograma de Perfil de volumen que encuentres encajarán exactamente en la descripción de estos cuatro básicos que te mostré. La mayoría de las veces no estarás trabajando con los perfiles de "forma perfecta". Sin embargo, si usas un poco tu imaginación, en la mayoría de los casos deberías poder ajustar cada forma de perfil en una de estas 4 formas básicas.

El primer paso para aprender a operar con el Perfil de volumen es comenzar a buscar esos 4 tipos de perfiles y tratar de encajar cada perfil que veas en una de las 4 categorías. Sobre esta base, debes intentar averiguar dónde están los soportes/resistencias basadas en el volumen.

La forma más rápida y sencilla es **iniciar operaciones de perfil de volumen con los perfiles diarios predeterminados** (1 día = 1 perfil). Sin embargo, puedes buscar esas 4 formas básicas en cada perfil, independientemente del período de tiempo. Esto podría ser perfiles semanales, perfiles de 4 horas o el Perfil de volumen flexible que prefiero usar.

Perfil de Volumen Flexible

Estaba realizando operaciones utilizando el perfil de volúmenes estándar (predeterminado) diario durante varios años. Estaban bien, pero había una cosa que me estaba molestando. Lo que pasa es que los perfiles diarios solo te muestran un perfil de un día entero. A veces, había situaciones en las que necesitaba observar más de cerca un área pero no podía, y no estaba seguro de cómo se distribuían los volúmenes en esa área en particular. A continuación se muestra una imagen que muestra el perfil diario estándar (1 día = 1 perfil). Marqué dos áreas: el área A y el área B. Con el perfil diario estándar, no podemos decir cuántos volúmenes se distribuyeron en el área A ni en el área B por separado. Solo vemos la cantidad total (área A + área B).

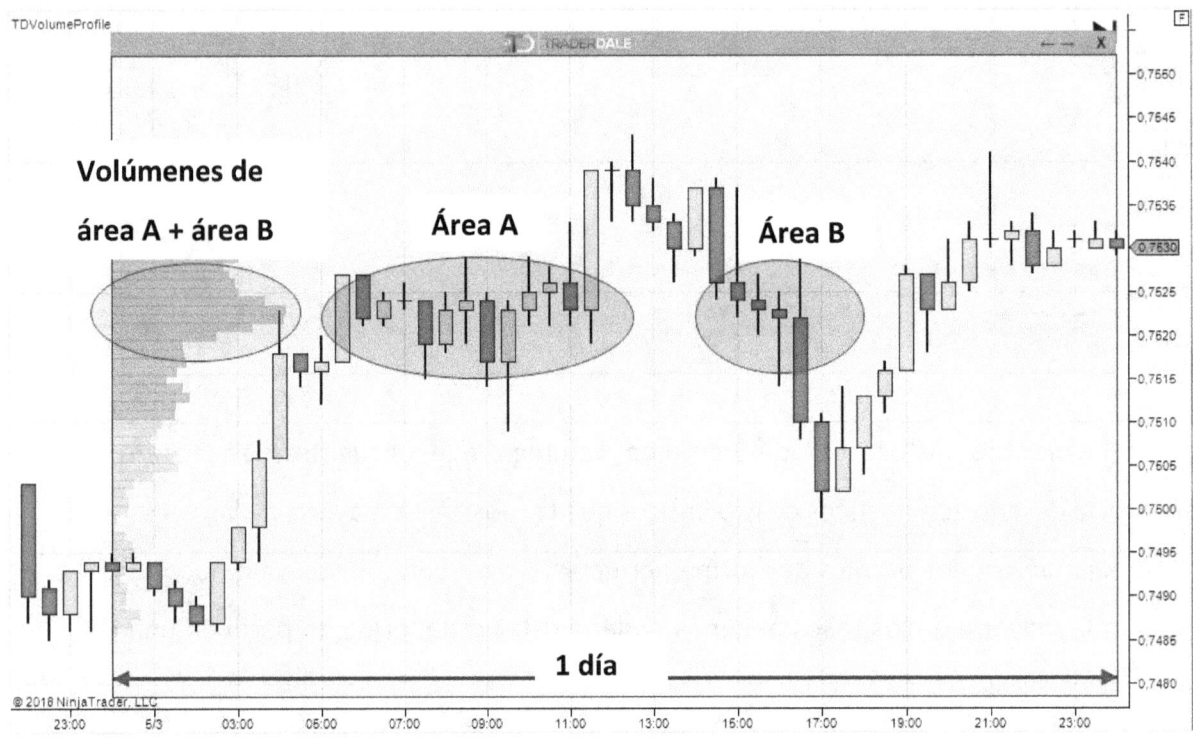

Si me interesara, por ejemplo, solo en volúmenes dentro del área B, no podría verlos con el perfil diario estándar. Este es exactamente el problema que tuve. Por este motivo, desarrollé un Perfil de Volumen Flexible, que se encarga de este problema. Con el Perfil de volumen flexible, puedo seleccionar cualquier área del gráfico que me interese y ver exactamente cómo se distribuyeron los volúmenes dentro de esta área en particular.

En el siguiente ejemplo, usé el mismo gráfico, pero esta vez usé dos Perfiles de Volúmenes Flexibles para ver cómo los volúmenes se distribuyeron por separado en el área A y en el área B:

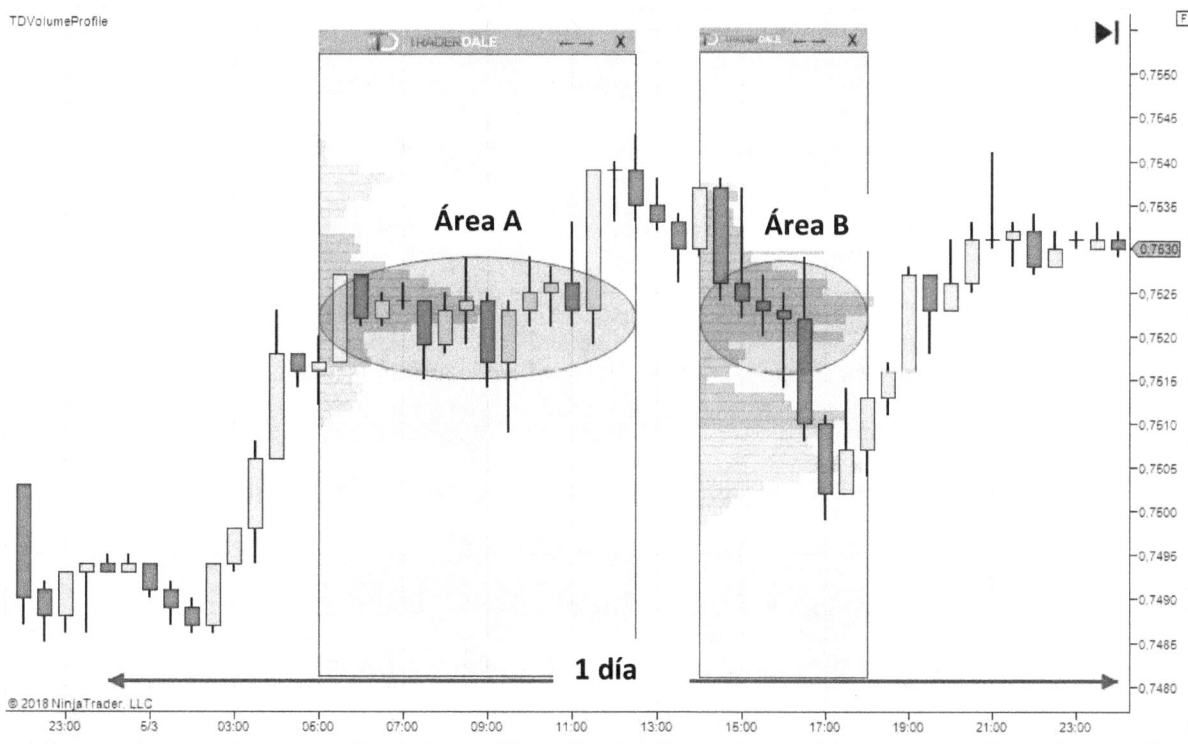

Actualmente, estoy usando solo el Perfil de volumen flexible porque me permite examinar cualquier área en el gráfico.

El Perfil de Volumen flexible es una herramienta bastante versátil, ya que puedes usarla para cualquier período de tiempo que desees. Desde marcas o desde gráficos de 1 minuto hasta gráficos mensuales.

También puedes usarlo con cualquier instrumento de operaciones que desees. Puedes usarlo, por ejemplo, para divisas, acciones, índices, oro, petróleo, criptomonedas, futuros. **Una gran cosa acerca del perfil es que es una herramienta extremadamente versátil y no importa qué instrumento o período de tiempo operes, la lógica y las configuraciones siguen siendo las mismas.**

Configuraciones de operaciones de perfil de volumen

Ahora, voy a mostrarte las configuraciones de operaciones que uso en mis operaciones diarias. Esas son las configuraciones principales que utilizo. Nunca entro en una transacción si no hay una de esas configuraciones presentes.

Todas las configuraciones se pueden utilizar con cualquier período de tiempo. Prefiero gráficos de 30 minutos para operaciones intradía, gráficos de 240 minutos o diarios para operaciones de swing y gráficos diarios a mensuales para planificar inversiones a largo plazo.

Configuración de volumen #1: Configuración de acumulación de volumen

Como dije anteriormente en este libro, las grandes instituciones que mueven y manipulan el mercado construyen sus posiciones de operaciones masivas en canales laterales de Acción del Precio (áreas de rotación). Después de que acumulan suficientes volúmenes, es decir, una vez que ingresan por completo en sus posiciones, inician una actividad de compra o venta fuerte y agresiva para mover el precio. Se esfuerzan por mover el precio en la dirección de sus nuevas posiciones acumuladas. Sobre la base de esto, sabemos que si hubiera un **canal lateral de precios seguido de una tendencia alcista significativa, los compradores fuertes acumularían sus posiciones de compra en el canal de precios**. Si, por otro lado, hubo un **canal lateral seguido de una venta masiva, entonces sabemos que los vendedores fuertes estaban entrando en sus posiciones de venta en el canal.**

Aquí hay un ejemplo de **compradores fuertes entrando a sus posiciones** en el área de rotación:

Aquí hay un ejemplo de **vendedores fuertes entrando en sus posiciones** en el área de rotación:

Ahora ya sabes en qué área los compradores o vendedores fuertes entraron en sus posiciones. Es hora de usar el Perfil de Volumen flexible para mirar dentro de esta área para ver exactamente en qué nivel de precio los volúmenes fueron los más pesados. Este será el lugar donde se acumularon la mayoría de las posiciones. Es el lugar más importante para los compradores o vendedores fuertes (= para las grandes instituciones).

La imagen de abajo es la misma que ya he usado, solo que esta vez con el Volumen Flexible. En este caso, los volúmenes más pesados dentro del área de rotación fueron de 1,2336 a nivel de precios.

Los volúmenes más pesados se acumularon aquí (en 1.2336)

Ahora ves donde los volúmenes de los compradores fuertes fueron los más pesados. Solo necesitas marcar el nivel exacto (en este caso, 1.2336) y esperar a que el precio vuelva a ese nivel. Cuando llega al nivel, entras en una posición larga desde este nivel. No es necesario esperar ningún tipo de confirmación.

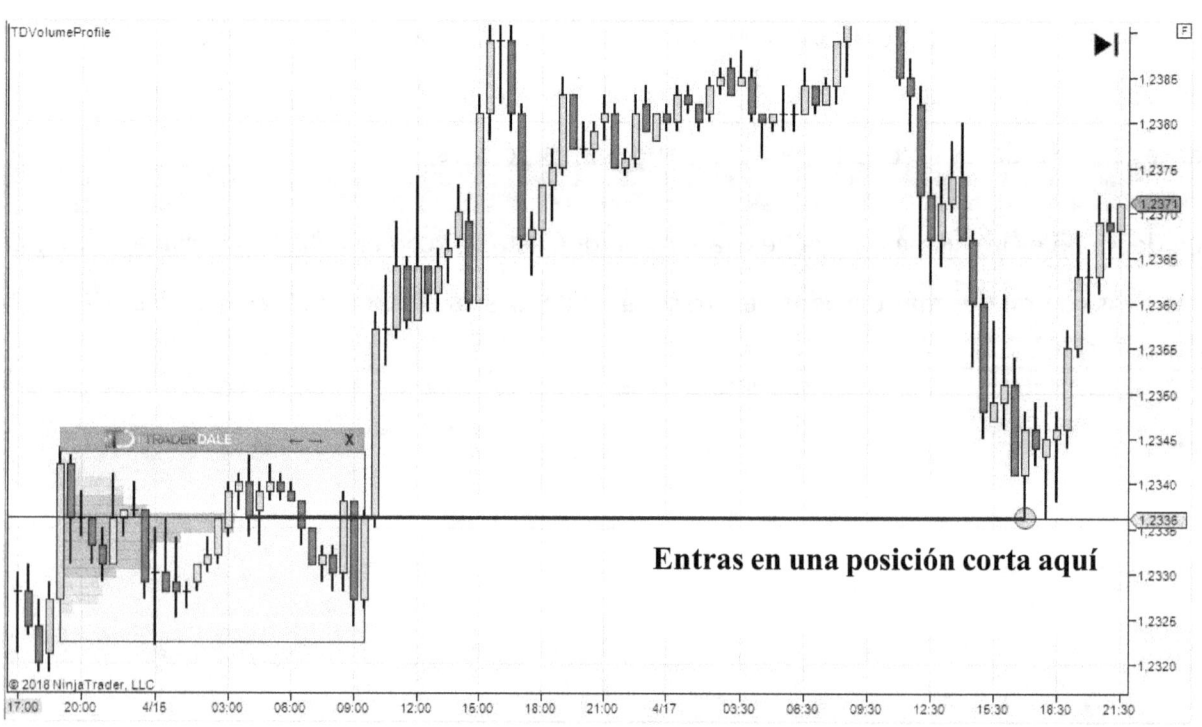

Entras en una posición corta aquí

Un breve escenario comercial de esta configuración se ve así:

Permíteme ahora explicar la **lógica detrás de esta configuración**. Hay dos razones (factores) por las que el precio reacciona tan bien a las zonas de volumen. **Este razonamiento no se aplica solo a la configuración # 1, sino también a todas las demás configuraciones de volumen que te mostraré más adelante.**

Razón #1: Los compradores/vendedores fuertes que acumulaban sus posiciones probablemente defiendan sus posiciones y sus intereses. Entonces, cuando el precio regresa al área de acumulación de volumen, los compradores/vendedores fuertes comienzan a defender sus posiciones agresivamente. Esto significa que los compradores fuertes comienzan una actividad de compra agresiva para impulsar el precio nuevamente hacia arriba. Los vendedores fuertes defienden sus posiciones cortas mediante una venta agresiva que vuelve a bajar el precio. Aquí hay una foto para demostrar esto (escenario comercial largo):

Escenario de operaciones en corto se vería igual, solamente a la reversa.

Razón #2: Nadie quiere arriesgar una pelea con compradores/vendedores fuertes y agresivos

Permíteme demostrarlo en un ejemplo: primero, los compradores fuertes acumularon sus posiciones en una rotación lateral. Luego empujaron el precio agresivamente hacia arriba (este es el escenario largo de la Configuración # 1). Después de eso, los compradores dejaron de subir el precio por un tiempo y los vendedores se hicieron cargo. Estaban empujando el precio cada vez más bajo, pero cuando se acercaron a la fuerte rotación donde los compradores fuertes y agresivos acumularon sus posiciones masivas, los vendedores detuvieron su actividad de venta y se deshicieron de sus posiciones de venta. ¿Por qué? Porque no querían arriesgarse a pelear con compradores fuertes y agresivos.

Cuando alguien que está en una posición corta quiere abandonar su posición, él compra. Entonces, cuando esos vendedores comienzan a comprar para deshacerse de sus posiciones de venta, aumentan el precio. Esta es otra razón y otra fuerza que aleja el precio del área de soporte/resistencia de volumen fuerte.

Lo voy a explicar en una imagen:

Es la combinación de los dos factores que te mostré, lo que aleja el precio de las zonas de soporte / resistencia.

Configuración de Volumen #2: Configuración de tendencia

Cambio la configuración de la tendencia cuando hay una tendencia fuerte. La fuerte tendencia indica que un lado del mercado - los compradores o vendedores es mucho más agresivo que el otro. En una tendencia alcista, los compradores fuertes y agresivos están empujando el precio hacia arriba. En una tendencia bajista, los vendedores fuertes y agresivos están empujando el precio hacia abajo.

Si observas los volúmenes acumulados dentro del área de tendencia, notarás que el Perfil de volumen es bastante delgado. Eso es porque generalmente no hay muchos volúmenes acumulados en las tendencias. La razón de esto es que el precio se está moviendo demasiado rápido para que las instituciones construyan sus posiciones allí.

Sin embargo, usualmente hay lugares dentro de la tendencia, donde el precio dejó de moverse rápidamente por un tiempo, se desaceleró y los participantes del mercado pudieron agregar algo a sus posiciones. Tal acción crea una "acumulación de volúmenes" dentro de la tendencia. Es importante que la acumulación de volúmenes se cree dentro de la tendencia y que la tendencia continúe después de eso. De esta manera podemos asumir que los volúmenes creados dentro de los grupos de volúmenes fueron volúmenes que los agresivos participantes del mercado estaban agregando a sus posiciones actuales.

Puntos Clave:

La acumulación de volúmenes creado dentro de una fuerte tendencia alcista indica que los compradores aumentaron sus posiciones largas en esta acumulación de volúmenes.

La acumulación de volumen creada dentro de una fuerte tendencia bajista indica que los vendedores estaban agregando a sus posiciones cortas en esta acumulación de volumen

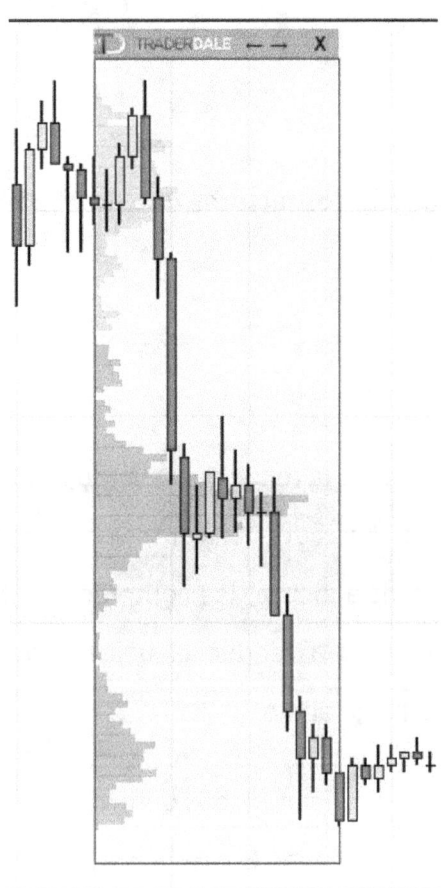

La acumulación de volúmenes creada dentro de la tendencia muestra el lugar donde los volúmenes fueron los más pesados. Este es también el lugar más importante para los compradores/vendedores fuertes que iniciaron el movimiento de tendencia.

Con la configuración de tendencia, solo necesitas marcar el nivel exacto donde los volúmenes eran más pesados dentro del grupo de volúmenes y esperar hasta que el precio vuelva a alcanzar el nivel. Cuando lo hagas, simplemente ingresa tu operación en la dirección de la tendencia. Si hubo una tendencia alcista, entonces entras en una posición larga. Si hubo una tendencia bajista, entonces entras en una posición corta. No hay necesidad de ningún tipo de confirmación. Entras en la operación al primer toque.

Escenario de operación en largo:

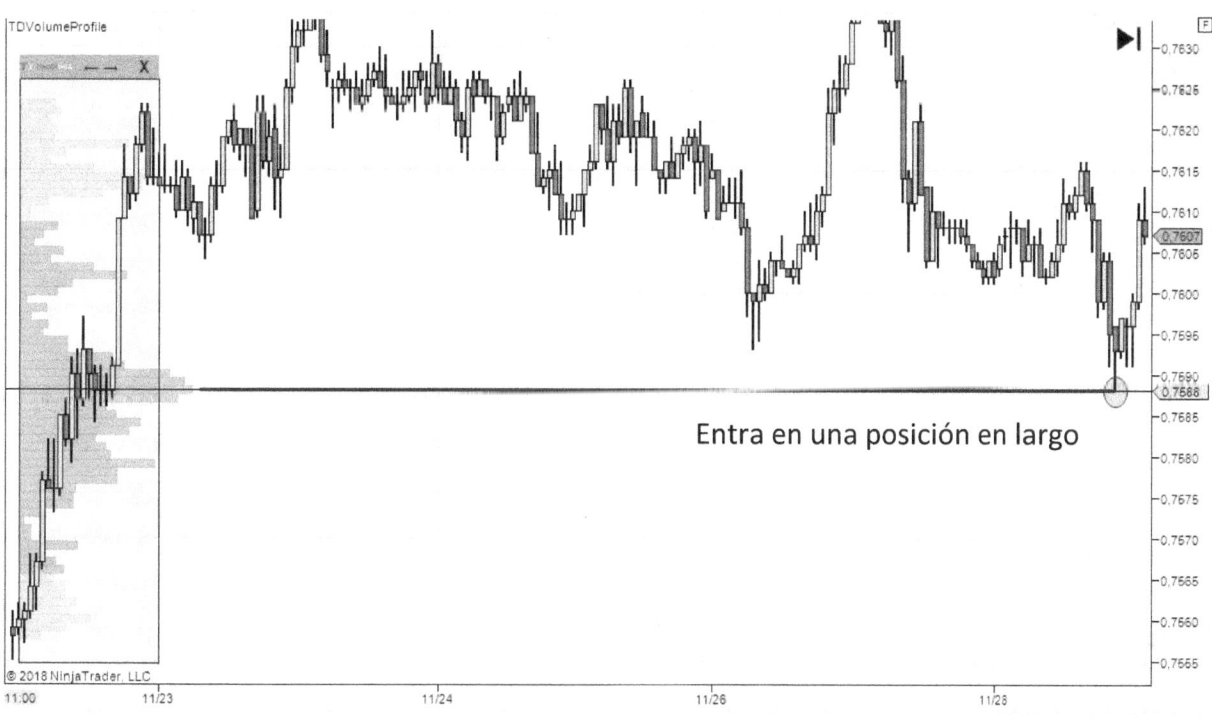

Entra en una posición en largo

Escenario de operación en corto:

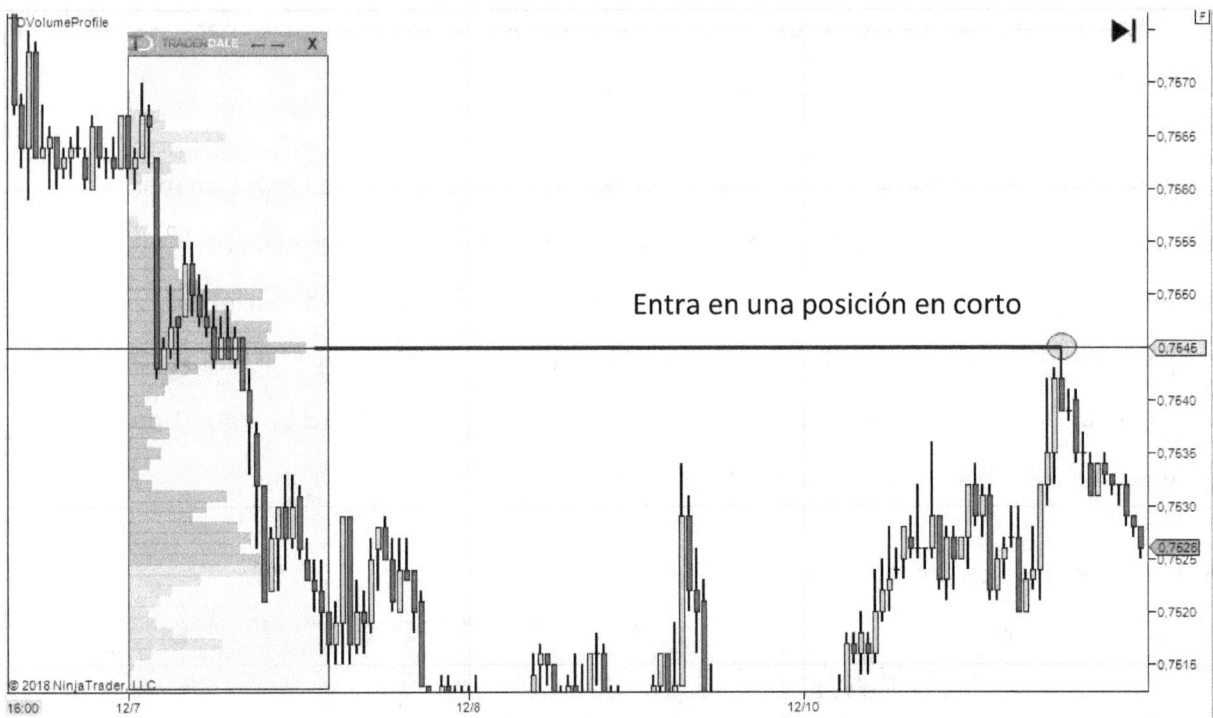

¿Por qué esta configuración funciona? Debido a las mismas dos razones (factores) sobre las que escribí en la sección anterior (Configuración # 1).

EXTRA: Un caso especial de esta configuración es cuando está en confluencia con la configuración de **"Soporte volviéndose resistencia (y viceversa)"**. Una confluencia de estas dos configuraciones crea las zonas de soporte / resistencia más poderosas. Déjame demostrar esto en una operación en la que estoy ahora.

A continuación puede ver un gráfico mensual de EUR / USD. Hubo tres fuertes rechazos de un nivel (marcado en azul). Tal situación indica que el nivel fue un soporte realmente fuerte. Cuando el precio pasó este soporte, se convirtió en una resistencia. Esta es la configuración de **"Soporte convirtiéndose en resistencia"** que escribí anteriormente en el libro. Junto con eso, también estaba la **Configuración de volumen # 2: Configuración de tendencias**. En la imagen, hay un grupo de volúmenes significativo creado dentro del área de tendencia fuerte (rectángulo negro). En este caso, fue la combinación de esas dos configuraciones lo que llamó mi atención. Ingresé en mi posición corta en el pico más alto de la acumulación de volúmenes.

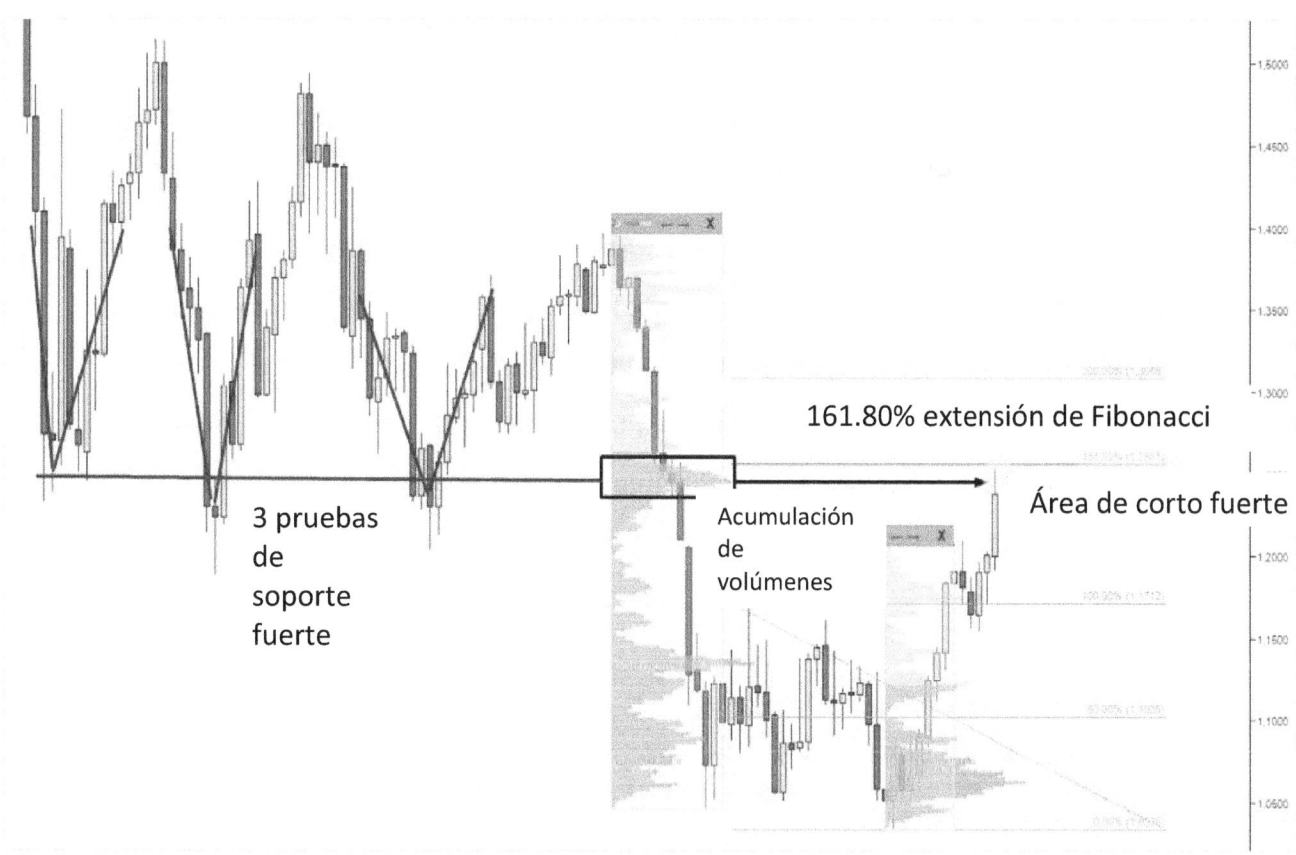

3 pruebas de soporte fuerte

161.80% extensión de Fibonacci

Acumulación de volúmenes

Área de corto fuerte

A continuación, puedes ver el mismo gráfico con la reacción a la zona de resistencia fuerte.

Esta foto fue tomada 4 meses después del análisis inicial que hice en la foto anterior.

Entrar en corto

Mi posición corta actual es ahora +851 pips en ganancia.

Symbol	Direction	Entry Price	Created (UTC+2) 1 ▲	Pips
EURUSD	Sell	1.24836	01/02/2018 18:43:22	851.5

No necesita buscar esta configuración solo en los gráficos mensuales. Este fue solo un ejemplo de un intercambio que hice. Perfil de volumen y todas las configuraciones que utilizo son muy versátiles. Puedes usar, por ejemplo, un período de tiempo de 30 minutos y cambiar esta configuración como una configuración intradía, o puedes usar gráficos de 240 minutos y cambiarla como una configuración de intercambio. En este caso particular, utilicé el calendario mensual, y abordé este comercio como una inversión a largo plazo.

Configuración de Volumen #3: Configuración de Rechazo

Esta configuración se basa en encontrar un rechazo muy fuerte de precios más altos o más bajos y aplicarle un Perfil de volumen flexible.

La clave para realizar con éxito esta configuración es identificar el rechazo fuerte en la tabla. A veces, el rechazo fuerte parece un pinbar fuerte creado en un punto de giro, pero a veces no es tan claro y hay otros patrones de velas. No me importa qué patrón de vela hay porque, por lo general, el patrón cambia con el período de tiempo (y no me gusta estar limitado por un período de tiempo). Lo que más importa es que el rechazo sea fuerte y que la agresividad dentro de él sea evidente.

En un escenario de operación en largo, busco **actividad de venta seguida de una repentina reversión de precios y una consecuente actividad de compra fuerte**. Por ejemplo como esta:

En un breve escenario comercial, busco una **actividad de compra seguida de una repentina reversión de precios y una consecuente actividad de venta fuerte**. Por ejemplo como esta:

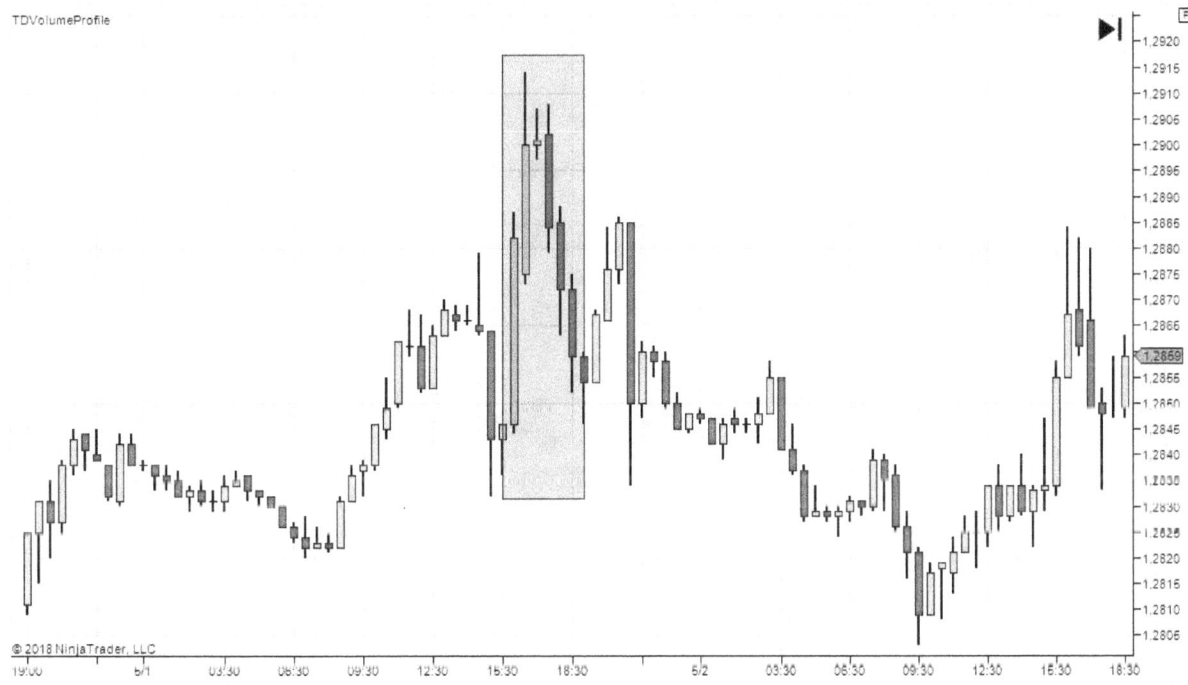

Cuando hay una fuerte reversión de precios, obtenemos la información de que un lado del mercado se volvió muy agresivo y rechazó firmemente algún nivel de precios. En tal caso, me interesa cómo se distribuyeron los volúmenes dentro del rechazo. En otras palabras, **me interesa el lugar donde se agregaron al mercado los volúmenes más pesados dentro del**

rechazo. El motivo es que el lugar con los volúmenes más pesados marca el lugar donde la contraparte (los compradores / vendedores que rechazan los precios más bajos / más altos) fue el más agresivo.

Uso el Perfil de volumen flexible en el área de rechazo fuerte para ver dónde están los volúmenes más pesados. Luego trazo una línea horizontal desde este lugar y espero hasta que el precio vuelva a este nivel. Cuando el precio alcanza el nivel, entro en una operación.

Si hay un rechazo de precios más bajos, entro en una posición larga. Ver ejemplo abajo:

Si hay un rechazo de precios más altos, entonces entro en una posición corta. Ver ejemplo abajo:

Creo que la configuración de volumen # 3 es la configuración más difícil de intercambiar porque a veces es difícil saber cuándo el rechazo fue realmente fuerte y agresivo y cuándo no. Además, a veces el rechazo es bastante fuerte, pero la distribución de volúmenes dentro del rechazo no es fácil de leer, sobre todo cuando hay áreas de volumen más fuertes dentro del rechazo. Debido a esto, se necesita algo de tiempo y práctica para dominar esta configuración.

Operaciones en reversión

A veces, el precio no reacciona en absoluto en una zona de soporte/resistencia basada en el volumen y simplemente pasa a un Tope de Pérdida. Esto ocurre de vez en cuando. Tener una operación perdedora también es parte de las operaciones. Sin embargo, todavía hay una cosa que puedes hacer.

¿Recuerdas cuando hablaba de "el soporte se convierte en resistencia (y viceversa)" anteriormente en este libro? ¡Puedes aplicar este método también a todas las configuraciones de volumen!

Por lo tanto, siempre que el precio no reaccione a ninguna de las configuraciones basadas en el volumen, te mostré y se topa con un Tope de Pérdida, entonces solo tienes que esperar hasta que el precio vuelva a su nivel de soporte / resistencia original. Cuando alcanza el nivel, ingresa a una posición de reversión; esto significa que si originalmente entraste en largo, tu nueva operación de reversión será en corto. Ve un ejemplo a continuación:

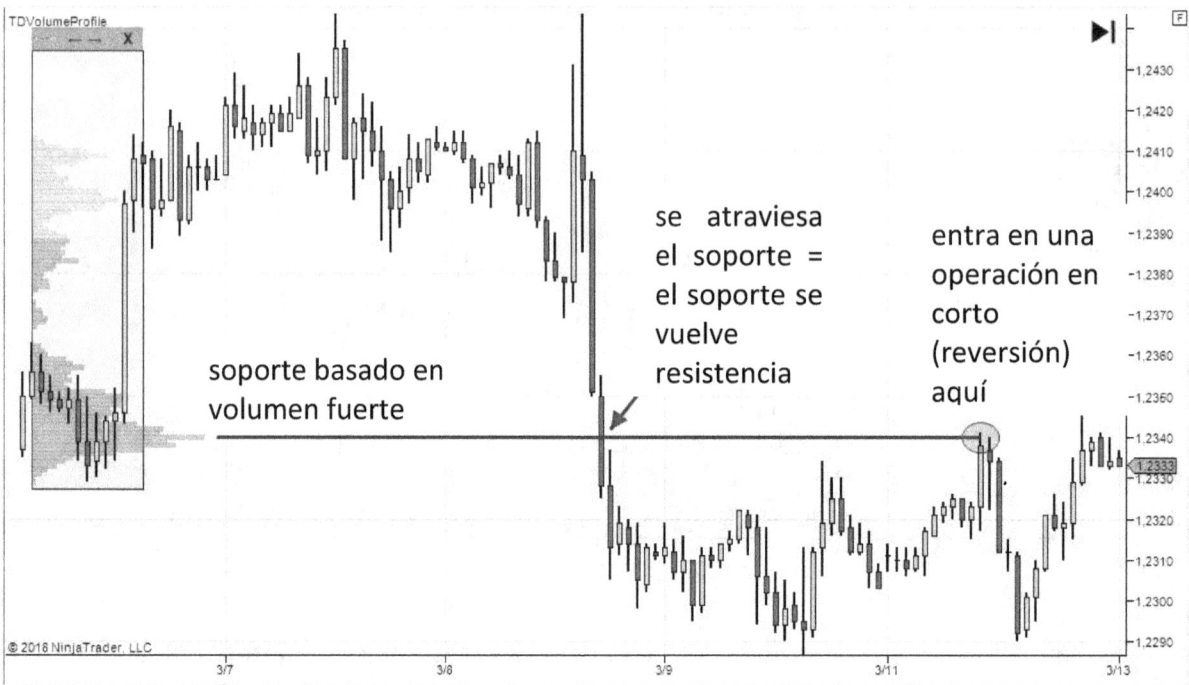

Si originalmente entraste en corto, tu nueva operación de reversión será larga. Ve un ejemplo a continuación:

Aviso importante: Una cosa importante acerca de las operaciones de reversión es que el precio no debe respetar en absoluto tu nivel de soporte / resistencia original y debe atravesarlo. Si, por ejemplo, el precio reacciona a tu nivel, solo 1-2 pips antes de él, entonces no recomiendo tomar la reversión. En tal caso el nivel funcionó, solo que un poco antes.

Cambiando tu sesgo: Debo advertirte que hablar de un cambio de operación no es algo fácil de hacer, al menos no para tu mente. La razón es que cuando ingresas a una operación, confías en que funcionará, estás sesgados. Cuando el precio va en contra del sesgo original, las personas tienden a esperar, rezan y aún confían en su operación. No pueden admitir que estaban equivocados. Incluso cuando toman una orden de pérdida limitada, creen que el precio finalmente cambiará y que tenían razón. Debido a esto, lo más difícil de las operaciones de reversión es cambiar su sesgo rápidamente. Entonces, por ejemplo, cuando ingresas una posición corta, crees que el precio bajará, tiene un sesgo corto. Cuando tomas una Orden de pérdida limitada, inmediatamente debes cambiar de opinión para tener un sesgo largo. ¡Esto es más fácil dicho que hecho! Mi consejo es que practiques cambiar tu sesgo ingresando todas las operaciones de reversión con una posición pequeña al principio. Cuando veas cómo funcionan las operaciones de reversión, ganarás confianza y te resultará más fácil cambiar tu sesgo.

Encontrando tu estilo

En la parte anterior donde te mostré las configuraciones de volumen, no me ceñí a ningún período de tiempo en particular. La razón es que esas **configuraciones se pueden aplicar a cualquier período de tiempo** porque el Perfil de volumen es realmente versátil y no **depende del tiempo.**

Puedes usarlo para operaciones intradía, operaciones de cambio o para planificar tus inversiones a largo plazo. Lo importante es encontrar lo que más te convenga y luego dominar el método. Si aún estás encontrando tu estilo, te sugiero que lo pruebes todo y veas lo que más te convenga.

Operaciones intradía

Te sugiero que hagas tu análisis intradía en gráficos de 5 minutos a 1 hora (prefiero gráficos de 30 minutos). Busca las configuraciones de volumen que te mostré e identifica las zonas de soporte / resistencia basadas en volumen más fuertes.

Instrumentos de operaciones para operaciones intradía

Los buenos instrumentos para operaciones intradía son aquellos que tienen una liquidez realmente alta y los diferenciales más ajustados. Si negocias con forex, entonces el mejor par de forex para comenzar, en mi opinión, es el EUR / USD. Con un buen intermediario, tu margen podría ser de casi 0.0, lo que es perfecto para operaciones intradía. EUR / USD también tiene las mejores reacciones a los niveles de S / R basados en volumen. Cuando te sientas cómodo operando el EUR / USD, entonces puedes agregar otro par de divisas principales como AUD / USD, USD / CAD, USD / JPY, USD / CHF.

En lo que se refiere a los pares cruzados (pares sin USD), no creo que esas operaciones sean buenas, ya que por lo general no se pueden obtener los costos de las operaciones lo suficientemente bajos como para hacerles una operación de día.

Otros buenos instrumentos no monetarios para operaciones intradía son los principales índices como S&P 500 o Dax y el petróleo.

Te sugiero que **adaptes los valores de pip de TOPE DE PÉRDIDA y OBJETIVO DE BENEFICIO a la volatilidad del instrumento con el que estás operando**. Una forma fácil de determinar esto es usar el indicador ATR (Rango promedio verdadero) y configurarlo durante un período largo, por ejemplo, 200. Luego, carga alrededor de 300-500 días (período de tiempo diario) en tus gráficos y ve qué valor promedio ATR para este periodo fue la volatilidad promedio diaria para este periodo. Después necesitas multiplicar el número ATR por 10,000 para obtener el valor en pips.

Para operaciones intradía yo sugiero que utilices tus **valores TOPE DE PÉRDIDA y OBJETIVO DE BENEFICIO alrededor de 10 - 20% del ATR promedio diario.**

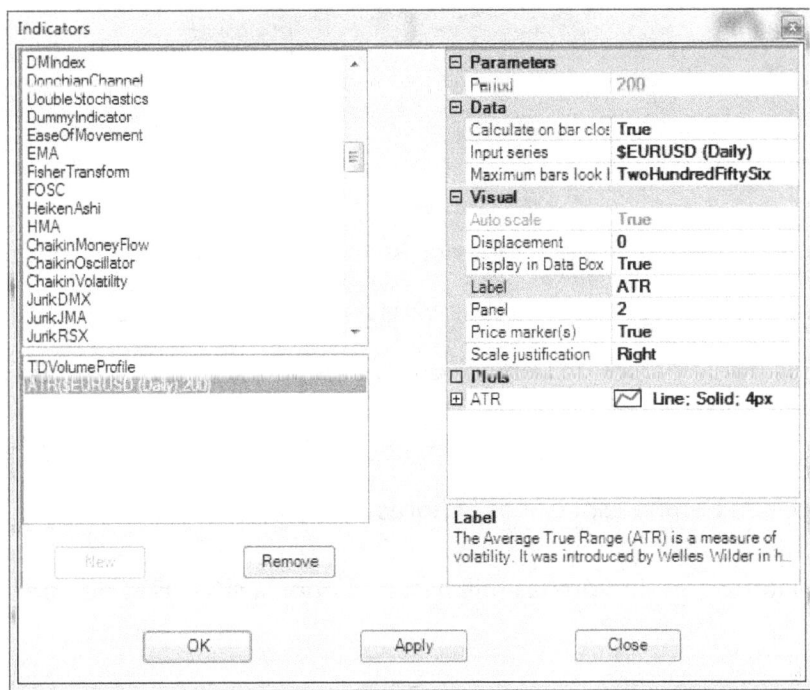

En el siguiente ejemplo, hay 500 velas diarias en el EUR / USD junto con el indicador ATR establecido en 200 períodos. El valor aproximado de ATR está en algún lugar alrededor de 0.0085. Multiplica este número por 10,000 para obtener la volatilidad diaria promedio en el EUR / USD en pips. En este caso, el resultado es de 85 pips. Basado en este ejemplo, tus valores intradía de TOPE DE PÉRDIDA y OBJETIVO DE BENEFICIO deben estar en algún lugar dentro del área de 8.5 a 17 pips.

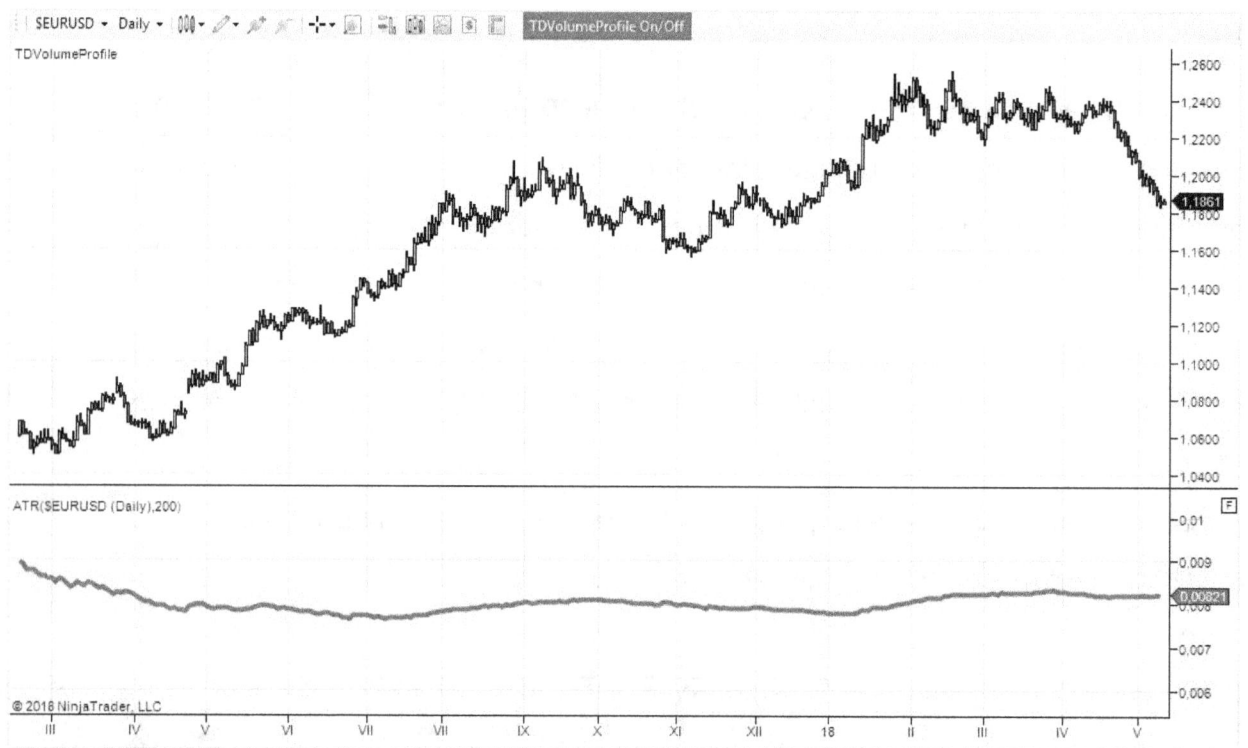

ATR(SEURUSD (Daily),200)

© 2018 NinjaTrader, LLC

Operaciones Swing

Te sugiero que planees tus operaciones de swing de 1 hora a un período de tiempo diario. Prefiero planificar mis operaciones de swing con gráficos de 240 minutos (4 horas) y con gráficos diarios. Tales marcos de tiempo son buenos para ayudarte a ver el panorama general.

Cuando planifico mis operaciones de swing, busco las configuraciones de volumen # 1 - # 3 en esos marcos de tiempo específicos (4 horas o Diario).

Las configuraciones son siempre las mismas, no importa si se trata de operaciones intradía o de swing.

Instrumentos de Operaciones para operaciones swing

Con las operaciones swing, no es necesario tener en cuenta los costos de las operaciones (diferencial) como en las operaciones intradía. Esto se debe a que tus valores de pip de Tope de Pérdida y objetivo de beneficio son mucho más grandes y debido a eso los costos de las operaciones son casi despreciables.

Por esa razón, está bien intercambiar cualquier instrumento que te guste. Puedes intercambiar divisas, índices, acciones, criptomonedas, petróleo, futuros o lo que prefieras.

Tope de Pérdida y objetivo de beneficio para operaciones swing

En lo que respecta a las operaciones de swing, prefiero determinar mis valores de TOPE DE PÉRDIDA y OBJETIVO DE BENEFICIO según la Acción del Precio y los volúmenes en lugar del número de ATR como en las operaciones intradía. Aun así, deberías intentar mantenerte al menos un poco a algún rango basado en el ATR. En términos generales, el rango podría estar entre el 50 y el 400% del valor ATR promedio diario. Esto significa 0.5 - 4 veces la volatilidad diaria promedio. Sé que este es un número muy aproximado, pero te da al menos una idea de dónde deberían estar tu TOPE DE PÉRDIDA y OBJETIVO DE BENEFICIO. La razón por la que este es un número tan aproximado es que TOPE DE PÉRDIDA y OBJETIVO DE BENEFICIO para las operaciones de swing dependen enormemente de la situación. A veces es correcto usar TOPE DE PÉRDIDA de 50 pips en el comercio de cambio EUR / USD, pero cuando hay una zona basada en el volumen de S / R realmente amplia, entonces debes colocar tu TOPE DE PÉRDIDA por encima / debajo de la zona, lo que podría ser fácilmente por ejemplo 300 pips.

A continuación, se muestra un **ejemplo de una operación de swing** que hice ayer en el EUR / USD. Hice el análisis en un **gráfico diario**. El nivel de entrada se basó en la **configuración de volumen # 2: la configuración de tendencias** en combinación con el **soporte se convierte en una configuración de resistencia de acción (y viceversa).**

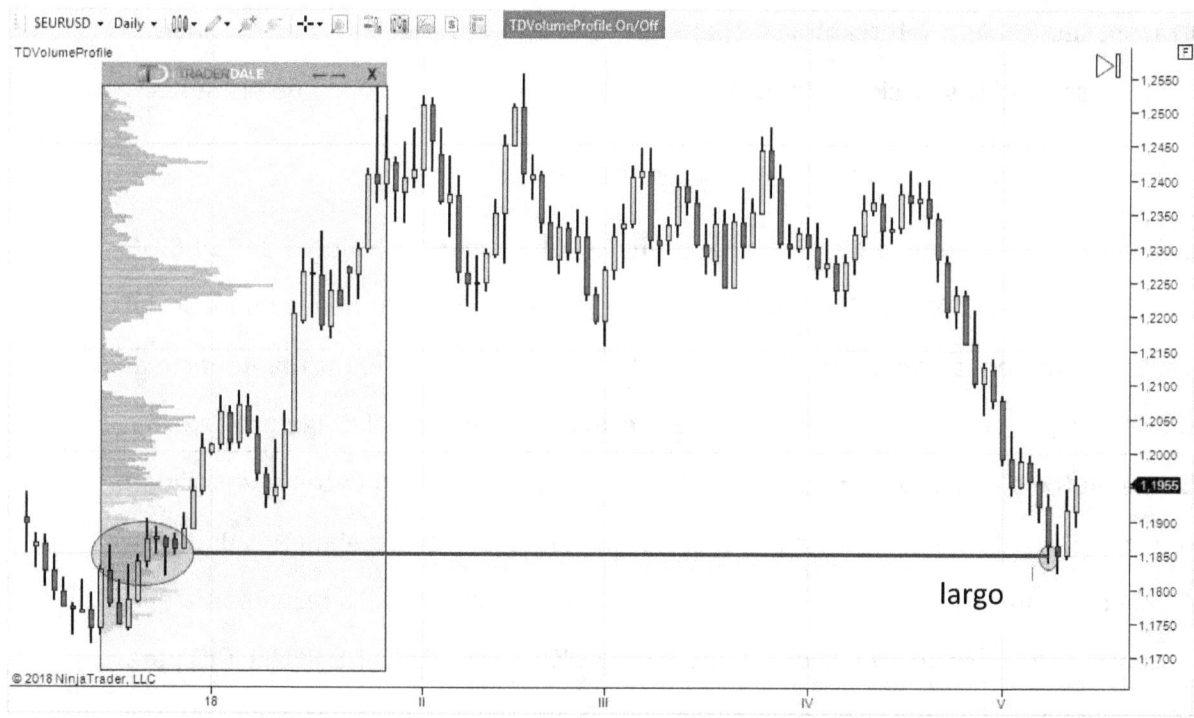

En este caso, mi TOPE DE PÉRDIDA fue bastante ajustado (debajo de la acumulación de volúmenes en el círculo azul). Esto es porque **coloco mi TOPE DE PÉRDIDA en áreas con volúmenes bajos.**

Inversiones a largo plazo

La inversión a largo plazo es buena para las personas que no quieren sentarse frente a la computadora todo el día. Tampoco es necesario tener cuidado con las noticias diarias estándar porque no son tan importantes para cambiar el curso de un desarrollo de tendencias a largo plazo. Las grandes instituciones financieras operan mucho en los plazos más altos (de semanal a mensual) y, por lo tanto, las estrategias basadas en el volumen funcionan bastante bien allí.

Mi calendario preferido para analizar las inversiones a largo plazo es de semanal a mensual. Incluso para inversiones a largo plazo, las configuraciones de operaciones basadas en volumen siguen siendo las mismas. La lógica detrás de las configuraciones sigue siendo la misma, incluso si está haciendo su análisis en un gráfico mensual.

Los diferenciales y las comisiones son absolutamente insignificantes aquí, por lo que puedes intercambiar cualquier instrumento que desees, ya sea forex, acciones, índices, criptomonedas, futuros ...

Sin embargo, si operas con divisas, hay una cosa con la que debes tener cuidado. Esa cosa son las permutas. Se cobra una tarifa de permuta / renovación cuando mantienes una posición abierta durante la noche. Una permuta de divisas es el diferencial de la tasa de interés entre las dos monedas del par en el que se encuentran las operaciones, y se calcula en función de si tu posición es larga o corta. Si tu permuta es positiva, se te dará una pequeña cantidad de dinero cada día que ocupes la posición. **Si la permuta es negativa, se te cobrará una pequeña tarifa todos los días**. Si mantienes tu posición durante meses, una permuta negativa puede volverse bastante irritante, especialmente si el precio va de lado durante meses sin hacer ningún movimiento significativo.

Los intermediarios de Forex generalmente tienen una herramienta de Calculatora de Permutas disponible en su sitio web o directamente en su plataforma de operaciones. De esta manera, puedes saber fácilmente cuánto pagarás o recibirás cada día. La imagen adjunta es una herramienta de Calculadora de Permutas del intermediario IC Markets. Solo necesitas señalar la divisa de tu cuenta, el par de divisas con el que vas a realizar transacciones y el tamaño de lote de tu operación (100, 000 significa 1 lote estándar). En este caso, si ingresaste una posición de 1 lote en el par EUR / USD y la retuviste durante la noche, se cobrará $ 8.5. Si, por otro lado, ingresaste en corto, entonces recibirás $ 6.3.

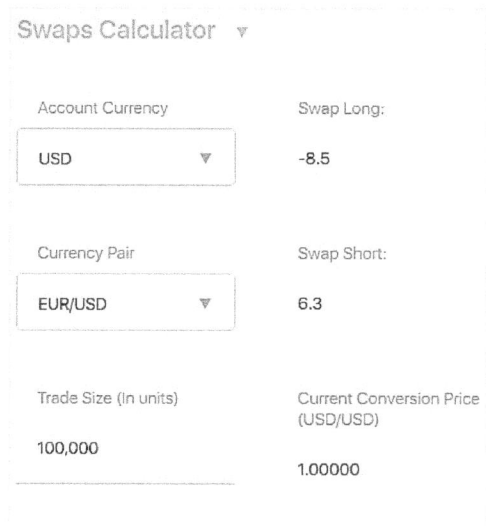

Tope de Pérdida y Objetivo de Beneficio para inversiones a largo plazo

Los valores estándar de Tope de Pérdida y Objetivo De Beneficio para inversiones a largo plazo son cientos / miles de pips. Por ejemplo, mi corto a largo plazo en el EUR / USD en el que estoy actualmente tiene un TOPE DE PÉRDIDA de 600 pips.

Coloco mi TOPE DE PÉRDIDA detrás de una barrera fuerte, por ejemplo, en un área de bajo volumen detrás de una fuerte acumulación de volúmenes. Su Objetivo de Beneficio debe colocarse ante tal barrera. Prefiero operaciones con una relación de riesgo cercana al 1: 1, y por esa razón, busco zonas fuertes que estén en línea con eso.

A continuación, se muestra un **ejemplo de una inversión a largo plazo**: una operación corta en AUD / USD. Hice el análisis en un **gráfico mensual**. La entrada se basó en la **Configuración de Volumen # 2: Configuración de tendencias:**

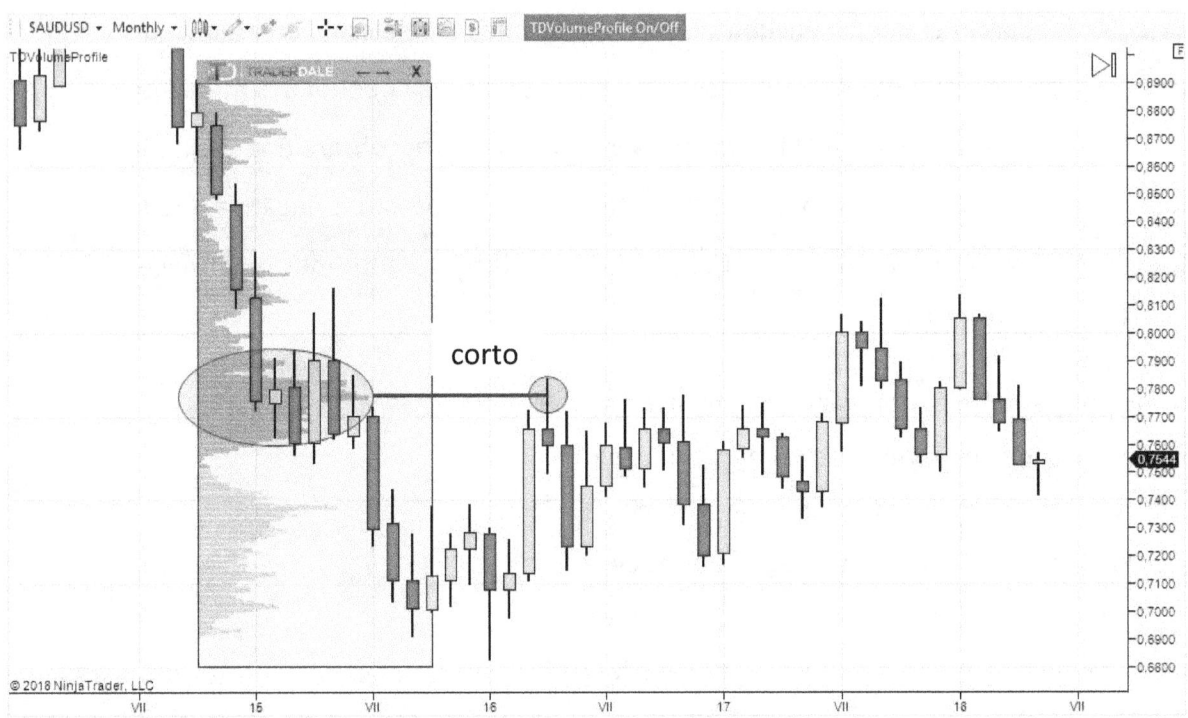

Es muy importante que calcules el volumen de tu posición de operaciones antes de ingresar a la operación. Teniendo, por ejemplo, un **TOPE DE PÉRDIDA de 500 o 1,000 pips requiere que ajustes tu posición para no arriesgar más de lo que tu plan de administración de dinero te permitirá**. Recomendaría mantener tu riesgo por operación entre el 1-5% del saldo total de tu cuenta. Sin embargo, esta es solo una guía, y debes ajustar tu riesgo por operación en función de tu tolerancia al riesgo.

¿Qué instrumentos operar?

¿Sabías que muchos operadores profesionales e institucionales solo se centran en una o dos monedas o solo en algunos otros instrumentos de operaciones? La razón de ello es permitirles que sean realmente competentes con el instrumento que eligieron.

Se puede encontrar una buena analogía de por qué esto es beneficioso al observar la forma en que los abogados practican el derecho. Como abogado, puedes especializarte en muchos campos, pero los mejores abogados solo se enfocan en un área en particular. Tienen un campo en el que concentran todo su tiempo y esfuerzo, y esto es lo que les permite ser los mejores en su área de especialización elegida.

Los operadores profesionales conocen todos los aspectos necesarios del mercado que comercializan. Conocen la volatilidad promedio, la correlación con otros instrumentos, el impacto promedio de las diferentes noticias macroeconómicas, así como los volúmenes promedio. Saben si el mercado tiende a moverse en alza o si se mueve de una manera más moderada y tranquila. También desarrollan algún sentido del sentimiento para su mercado central. Es algo que es difícil de poner en palabras, pero está ahí.

Ahora voy a desglosar el riesgo de realizar demasiados pares de operaciones con mayor detalle, además de cómo puedes elegir los pares de divisas correctos para operar.

Correlación y Exposición Excesiva al Riesgo

Cuanto más se comportan algunos instrumentos entre sí, más correlacionados son. Si dos instrumentos tienen una correlación del 100%, significa que se mueven de la misma manera. Si su correlación es de -100%, entonces se mueven en opuestos exactos. Estos son los extremos de la escala, pero en realidad, los números de correlación están en algún punto intermedio. Aquí hay una tabla de correlación de divisas (de www.Mataf.net) con los principales pares de FX para darte una idea sobre los números de correlación:

Hourly

	EURUSD	GBPUSD	USDJPY	USDCAD	AUDUSD
EURUSD	100	82.9	-4.8	-45.5	-8.4
GBPUSD	82.9	100	-30.7	-50	23.1
USDJPY	-4.8	-30.7	100	-2.4	-30.2
USDCAD	-45.5	-50	-2.4	100	-62.7
AUDUSD	-8.4	23.1	-30.2	-62.7	100

En esta imagen, por ejemplo, puedes ver que la correlación entre el **EUR / USD** y el **USD / JPY** es de -**4.8%.** Esta es una correlación realmente baja, y significa que esos pares de divisas se mueven de manera muy diferente e independiente entre sí.

Si deseas ampliar tu lista de instrumentos, debes aceptar el hecho de que habrá más y más instrumentos con una correlación bastante alta. Desafortunadamente, no hay una forma sencilla de deshacerse del problema de correlación porque los mercados están conectados. Si hay, por ejemplo, un evento como la elección presidencial de EE. UU., Puedes estar seguro de que muchos mercados e instrumentos se verán afectados y los movimientos de precios serán muy similares en muchos mercados. No veo ningún problema con tener una posición abierta en ese momento (si es parte de tu estrategia de operaciones, por supuesto). Donde SÍ veo un problema es cuando intercambias demasiados instrumentos, y de repente te encuentras en demasiadas posiciones correlacionadas PESADAMENTE que se activan debido a la elección presidencial. Esto se denomina **Exposición excesiva al riesgo** y es un problema que deseas evitar.

No tiene que ser una situación extrema como esa; A veces hay algo tan simple como un rally del USD. Cuando esto sucede, todos los pares donde una de las monedas es USD se mueven al unísono. Si intercambias demasiados instrumentos con el USD, puedes encontrarte en una situación bastante complicada, por ejemplo, con 5 operaciones abiertas, todas dependientes de cómo se moverá el USD. ¡Lo más probable es que todas esas 5 operaciones terminen de la misma manera, y eso es demasiado riesgo! Si fueras un operador institucional, probablemente serías despedido por hacer eso.

Por lo tanto, mi consejo es este: no intercambies demasiados instrumentos / divisas con alta correlación. Si lo haces, asegúrate de tener **reglas que le impidan asumir un riesgo excesivo**. Por ejemplo, no abras más de dos posiciones en USD. Esta es una regla de administración de comercio extremadamente simple, pero es masivamente poderosa. También puede reducir a la mitad tus posiciones si ves que vas a participar en una transacción con dos instrumentos fuertemente correlacionados. Recuerda que debes sentirte cómodo con las pérdidas, ya que esto no se puede evitar de vez en cuando. Sin embargo, lo que no queremos es un solo evento de noticias macroeconómicas que nos golpee para perder 3-4 operaciones a la vez porque olvidamos que todas estaban fuertemente correlacionadas.

Estar abrumado

Otro problema que viene con las operaciones con demasiados pares de divisas u otros instrumentos de operaciones es que es realmente complicado manejar todas las operaciones. Si deseas tener éxito en las operaciones, entonces la ejecución de tu estrategia debe ser básicamente impecable. Necesitas enfocarte y seguir las reglas de tu estrategia de operaciones al 100%. Todo debe ser perfecto: análisis, entrada, salida, gestión de posiciones, gestión del dinero. Aparte de eso, también necesitas saber qué noticias macroeconómicas afectarán el / los instrumento / s que estás operando y qué tan grande será el impacto. Todo esto es factible si te enfocas solo en unos pocos instrumentos de operaciones, pero es mucho más difícil cuando se intercambian más de 10 en forma intradía.

Escogiendo el par de divisas correcto

Al principio, debes considerar los costos de las operaciones. Estos consisten en spread, comisión intermediaria, y permuta. En términos generales, **cuanto mayor sea el porcentaje de participación en el mercado, menores serán los costos de las operaciones**. Estos son los pares de divisas más líquidos (pares con la mayor cuota de mercado):

Posición	Par de Divisas	Porcentaje del mercado %
1	EUR/USD	23.1%
2	USD/JPY	17.8%
3	GBP/USD	9.3%
4	AUD/USD	5.2%
5	USD/CAD	4.3%
6	USD/CNY	3.8%
7	USD/CHF	3.6%
8	USD/MXN	1.8%
9	USD/SGD	1.6%
10	USD/NZD	1.5%

También debo mencionar que los costos de las operaciones pueden fluctuar según la volatilidad del instrumento. En términos generales, **cuanto mayor sea la volatilidad, mayores serán los costos** de operar el instrumento (spreads principalmente). También debes ser consciente de la volatilidad de los diversos instrumentos en tu estrategia de operaciones. Esto requerirá que ajuste tu TOPE DE PÉRDIDA y OBJETIVO DE BENEFICIO de acuerdo con la volatilidad del activo que estás operando. Además, la estrategia en sí misma debe ser coherente con la volatilidad y el comportamiento de los pares de divisas. Algunos pares son buenos para operaciones rápidas y agresivas, mientras que otros son mejores para operaciones más lentas y tranquilas.

Aquí hay una **tabla de rango diario** (promedio de las últimas 10 semanas) de varios pares de divisas para darte una idea general de su volatilidad promedio.

En mis operaciones, prefiero evitar los pares de libras esterlinas. Si miras la tabla, puedes ver que son una de las más volátiles. El GBP también tiende a superar agresivamente las principales zonas de soporte y resistencia, lo que realmente no se adapta a mi estrategia de operaciones como a muchas otras. Por ese motivo, suelo evitar las operaciones de la libra esterlina.

Pair	Trend	pips
GBPNZD		176.328
EURNZD		149.056
GBPAUD		145.88
GBPCAD		138.674
GBPJPY		124.362
EURAUD		106.696
GBPUSD		103.23
EURCAD		97.828
EURJPY		86.958
USDCAD		81.658
NZDCAD		75.143
USDJPY		72.79
EURUSD		72.59
AUDNZD		72.086
NZDJPY		65.488
CADJPY		65.242
EURGBP		64.452
AUDJPY		62.524
NZDUSD		61.504
AUDCAD		58.7
AUDUSD		54.697

Pasos para escoger los instrumentos de operaciones correctos

Ahora que hemos cubierto todo lo necesario, permíteme darte una guía realmente simple y rápida para elegir los mejores pares de divisas para que puedas operar:

Cortar Costos – Especialmente si realizas transacciones intradía, realmente necesitas reducir el costo de las operaciones tanto como sea posible. Por esa razón, solo comercializo los pares de divisas más líquidos (EUR / USD, AUD / USD, USD / JPY, USD / CAD) donde mis costos son lo más bajos posible. Nuevamente hay otros pares aceptables, pero estas son mis favoritas personales. Como nota al margen, los costos de las operaciones también se ven muy afectados por el intermediario de forex que estás utilizando. Si no estás utilizando un intermediario de forex de buena reputación con diferenciales muy ajustados, también recomendaría un cambio en intermediario.

Prueba tu estrategia – Al principio, haz una rápida prueba retrospectiva para darte una idea de qué tan bien funciona tu estrategia en diferentes pares de divisas. En mi experiencia, incluso una prueba retrospectiva rápida y breve puede mostrarte si debes centrarte más en probar el instrumento dado o si debes pasar a otro. Después de eso, necesitas una prueba retrospectiva más completa y, lo que es más importante, operaciones en vivo en una cuenta real. No profundizaré mucho más en el tema de prueba retrospectiva aquí, ya que se tratará más adelante en este libro.

Escoge solo unos cuantos instrumentos – Asegúrese de que los pares que selecciones tengan bajos costos de operaciones además de asegurarte de que se ajusten bien a tu estrategia. No intentes intercambiar demasiados pares y mi recomendación sería comenzar con solo uno o dos. Una vez que tengas los pares que vas a operar, entonces debes familiarizarte y sentirte cómodo con ellos. Después de que alguien es competente en operar solo unos pocos pares selectos, no tengo ningún problema en agregar pares o mercados adicionales. Solo agrega unos cuantos a la vez hasta que llegue al punto donde tengas la cantidad deseada de operaciones mensuales.

Características de las divisas principales

Cada par de divisas es único y tiene sus propias características. No hay una regla universal que te diga qué par comerciar y cuáles evitar. Como mencioné anteriormente, debes revisarlos y ver por ti mismo cuáles son los más adecuados para ti y para tu estrategia.

Para darte algunas ideas iniciales y ayudarte a comenzar, escribí las características de algunos pares a medida que los veo. Espero que pueda ayudarte a elegir los instrumentos adecuados para tus propias operaciones.

EUR/USD

- Excelente relación de victorias con estrategias basadas en el volumen. ¡Este par es el número uno para mí!
- El par más líquido.

• El más barato para el comercio.

• Volatilidad media.

• Si algo significativo está sucediendo en los mercados, el EUR / USD "te lo dirá"

AUD/USD

• Lento. A veces realmente necesitas ser paciente, pero, por otro lado, tienes mucho tiempo para pensar cuando administras tus posiciones.

• Menos volátil.

• Barato para operar.

• Buenas y precisas reacciones a zonas S / R basadas en volumen.

• Moneda de productos básicos (depende de los precios de los productos básicos y de las noticias relacionadas con los productos básicos).

• Dependiente de China: reacciona a las noticias relacionadas con China porque Australia tiene muchos vínculos comerciales con China.

USD/CAD

• Más volátil.

• No es tan barato como otros pares de FX importantes, pero sigue siendo bueno incluso para operaciones intradía.

• Buenas reacciones a las zonas S / R basadas en el volumen, pero a veces no tan preciso (a veces dispara niveles pasados y gira más tarde).

• Muy reactivo a las noticias relacionadas con el petróleo y los precios del petróleo.

• A veces, una mayor correlación con el AUD / USD debido al petróleo y otros productos básicos (CAD es una moneda de productos básicos).

USD/JPY

• Más volátil.

• Barato para operar (principalmente debido a alta liquidez).

• Reacciones muy precisas al S / R basado en volumen (aunque sea volátil).

• Capaz de picos y grandes movimientos locos.

• Moneda de refugio seguro (incertidumbre en los mercados -> la gente compra JPY).

GBP/USD

• Volátil.

• Moderadamente barato para comerciar.

• Difícil de predecir. A veces reacciona antes a las zonas S / R basadas en volumen, a veces demasiado tarde, a veces nunca.

• Por lo general, bastante "muerto" durante la sesión asiática.

• Bueno para captar tendencias (aunque debes estar listo para salir rápido).

• Rápidos movimientos de picos.

• Reacciones masivas a las noticias del Reino Unido sobre el IPC y las noticias relacionadas con BREXIT, no tanto en las noticias de decisión de tasa GBP (por ahora).

Si tuviera que elegir dos de estos pares principales para operar con mi estrategia de Perfil de volumen de operaciones, elegiría EUR / USD y USD / JPY. La razón por la que seleccionaría esos dos es que son baratos para el comercio, tienen buenas reacciones a mis niveles de S / R basados en el volumen y hay una muy baja correlación entre estos dos pares. Además, también puedo usar el mismo tamaño de pip para mi toma de ganancias y Tope de Pérdida, lo que facilita mucho la ejecución de operaciones.

Así es como yo personalmente lo veo. Al final, creo que es mejor para ti hacer tu propia investigación y hacer tu propia opinión sobre qué monedas son las mejores para el comercio. Estaré feliz si esto te ayuda a encontrar un lugar para comenzar y si te da una idea de qué cosas debes considerar cuando busques el conjunto ideal de instrumentos para intercambiar.

Mis instrumentos de operaciones favoritos

En mis operaciones, tengo tres enfoques. Hago operaciones intradía, operaciones de swing e inversiones a largo plazo.

En lo que respecta a mis **operaciones intradía**, tengo estos cuatro pares principales con los que comercio: EUR / USD, AUD / USD, USD / CAD y USD / JPY. Si lees los capítulos anteriores, creo que la razón por la que comercio esto es bastante obvio. También hay otros instrumentos no monetarios bastante buenos para las operaciones del día a día con el Perfil de volumen como FDAX, S&P 500, CL (petróleo),... Sin embargo, es difícil comerciar diariamente tantos instrumentos y por esa razón, elegí sólo cuatro.

Mis métodos de **operaciones de swing** y de inversión a largo plazo no consumen tanto tiempo y también son bastante fáciles de manejar. Por esa razón, puedo intercambiar operaciones de swing y operaciones de inversión a largo plazo como una adición a mis operaciones intradía. Mis pares de divisas preferidos son: AUD / CAD, AUD / CHF, AUD / JPY, AUD / NZD, AUD / USD, CAD / JPY, EUR / GBP, EUR / JPY, EUR / USD, GBP / USD, CHF / JPY, NZD / CAD, NZD / USD, USD / CHF, USD / JPY y USD / CAD.

EXTRA: Las mejores criptomonedas para comerciar.

Si te gustan las operaciones intradía o las operaciones de criptomoneda, te sugiero que te concentres solo en las más líquidas, las que tienen la mayor capitalización de mercado. **La gran capitalización de mercado** significa buena liquidez, mejores diferenciales y una menor posibilidad de deslizamiento. El ganador absoluto es obviamente **Bitcoin**. Otros que siguen son, por ejemplo, **Ethereum o Ripple**.

A continuación, puedes ver una tabla con las diez criptomonedas basadas en Market Cap.

#	Name	Market Cap	Price	Volume (24h)	Circulating Supply	Change (24h)	Price Graph (7d)
1	Bitcoin	$235,036,718,318	$13,995.30	$17,239,500,000	16,793,975 BTC	-4.82%	
2	Ethereum	$130,659,816,717	$1,348.51	$9,498,300,000	96,891,989 ETH	12.46%	
3	Ripple	$72,753,272,373	$1.88	$5,076,900,000	38,739,142,811 XRP *	-17.12%	
4	Bitcoin Cash	$42,796,194,880	$2,531.72	$1,448,910,000	16,904,000 BCH	6.00%	
5	Cardano	$18,652,271,597	$0.719413	$231,869,000	25,927,070,538 ADA *	-14.66%	
6	Litecoin	$13,012,319,469	$237.90	$1,003,240,000	54,696,133 LTC	-3.53%	
7	NEM	$12,892,859,999	$1.43	$102,875,000	8,999,999,999 XEM *	-10.92%	
8	Stellar	$9,427,368,255	$0.527253	$247,580,000	17,880,160,483 XLM *	-14.04%	
9	IOTA	$9,274,486,491	$3.34	$203,204,000	2,779,530,283 MIOTA *	-7.88%	
10	Dash	$8,213,265,404	$1,051.67	$235,826,000	7,809,736 DASH	-2.90%	

El mercado de la criptomoneda es bastante joven, por lo que esta tabla puede cambiar continuamente. Puedes ver la versión actualizada aquí.: https://coinmarketcap.com/

Otra cosa que debes considerar es la **volatilidad**. Necesitas que el mercado se mueva para ganar dinero. Los instrumentos que pasan de lado durante muchos días luego saltan repentinamente y luego se vuelven de lado realmente no son ideales para las operaciones. Al menos no para operaciones intradía o swing.

Noticias macroeconómicas

Los comunicados de prensa y eventos macroeconómicos son algo a lo que todo operador necesita adaptarse. Personalmente preferiría que no hubiera noticias o sorpresas repentinas, pero esto nunca sucederá. Nosotros, que tomamos las operaciones con seriedad y las tratamos como una necesidad empresarial para protegernos y adaptar nuestras estrategias de operaciones a las macro noticias diarias. Aquí, te mostraré cómo manejo personalmente las operaciones en torno a las noticias macroeconómicas.

En mis primeros años de operaciones, me sentía extremadamente atraído por las noticias macroeconómicas de operaciones. Pensé que los macro lanzamientos de noticias eran una gran oportunidad para ganar mucho dinero rápidamente. Al principio, abordé las macro noticias desde el punto de vista fundamental. Intenté predecir los números y cómo reaccionaría el mercado. A veces tenía razón, a veces me equivocaba, pero a la larga, con todo el esfuerzo que puse en ello, descubrí que no era capaz de encontrar una ventaja clara que pudiera usar. En otras palabras, no pude encontrar una estrategia de operaciones rentable que se basara únicamente en la predicción del análisis fundamental.

Como resultado, avancé e intenté encontrar una estrategia que se basaría en las operaciones de las noticias macroeconómicas utilizando solo análisis técnico. Después de dedicar bastante tiempo y esfuerzo a esto, volví a fallar. No importa cuánto lo intenté, no pude hacer una estrategia de trabajo basada en las operaciones, las noticias que serían rentables a largo plazo.

La valiosa lección que aprendí de la manera difícil es esta: es muy difícil, tal vez casi imposible desarrollar una estrategia de trabajo que funcione con las noticias macroeconómicas. Puedes tener razón varias veces seguidas o tener un buen mes, pero a largo plazo, también podrías estar lanzando una moneda. En el mejor de los casos, terminarás con una tasa de strike de 50/50.

El final de la historia es que encontré mi ventaja en otro lado, con el volumen utilizando la herramienta Perfil de volumen. Pero aun así, necesitaba adaptar mi estrategia a las noticias macro, ya que es parte del negocio de las operaciones, ya sea que desees operar o no.

Una cosa bastante divertida es que ahora, en lugar de intentar ganar dinero con las noticias macroeconómicas, hago todo lo posible para evitar las noticias. Ahora que **renuncié a mis posiciones antes de las noticias, no mantengo mis posiciones intradía durante datos significativos, y después de que se publiquen las noticias, dejo que la volatilidad caiga antes de operar nuevamente.**

Permíteme darte ahora una descripción completa de mi manera de tratar las noticias macro que se describen en **10 consejos prácticos**. Puedes usarlos todos o simplemente dejar que te inspiren a encontrar tu propia manera de lidiar con las noticias. También puedes usar los consejos para tu propia estrategia y tus propios niveles, o puedes aplicarlos cuando las operaciones usen mis niveles intradía que publico diariamente para los miembros de mi curso de operaciones.

Consejo #1: No trates de predecir las noticias o la reacción del mercado a ello

En mi opinión, **es casi imposible predecir las noticias**, es decir, las cifras reales y la reacción del mercado ante ellas. **Lo que es aún más difícil es predecir la reacción del mercado a las noticias**. Lo curioso de los mercados es que siempre encuentran una manera de sorprenderte. A veces, las buenas noticias no son tan buenas como los analistas esperaban y, por lo tanto, los mercados las tratan como datos negativos. A veces hay noticias sorprendentemente buenas, pero aun así, los mercados reaccionan de la manera opuesta a la que "deberían". Hay muchos factores a considerar, y probablemente nunca podremos ver qué factor supera a los otros, al menos no antes de que haya pasado la noticia y ya hayamos visto el movimiento del precio. Claro, podemos decir las razones por las que el precio se movió después del comunicado de prensa (como lo hacen la mayoría de los analistas), pero obviamente, esto es demasiado tarde y no sirve de nada.

Mi consejo es - **No intentes predecir el resultado de las noticias y la reacción a las noticias.** Simplemente soporta el hecho de que hay cosas que no puedes predecir y sobre las que no tienes control. Es más fácil evitar este juego de adivinanzas y, en cambio, concentrarte en las cosas en las que realmente tienes una ventaja sólida.

Consejo #2: Mantén un registro de los tiempos de lanzamiento de noticias macro

Esto es simplemente una necesidad. Es necesario realizar un seguimiento de los comunicados de prensa macro todos los días. Para ser consistentemente rentable, no puedes darte el lujo de operar sin estar al tanto de todas las noticias macro importantes que se producen durante el día. Algo bueno acerca de la mayoría de las noticias es que las fechas de lanzamiento se dan de antemano y también los tiempos de lanzamiento son generalmente los mismos. Lo que yo personalmente hago es revisar la página web de Forex Factory cada mañana y ver qué noticias están surgiendo durante el día. Por lo general recuerdo las noticias más fuertes y las horas para evitar operaciones, pero para estar 100% seguro de no olvidar nada, reviso el calendario de noticias al menos una vez al día, generalmente antes de cada sesión de operaciones.

Si tienes miedo de olvidar algunas noticias importantes macro, también puedes **programar una alarma para que se active unos minutos antes de la publicación.**

Otra forma de estar al tanto de las noticias es usar mi **Asesor Experto de TD** (disponible para miembros de mi curso de operaciones). Este EA puede encargarse de las noticias y no te permitirá ingresar ninguna operación antes o durante el comunicado de prensa.

Consejo #3: Cómo lidiar con noticias inesperadas.

Las noticias inesperadas son una parte desagradable de las operaciones. Estas noticias son parte del juego y no hay forma de evitarlas. Más de una vez las noticias inesperadas me han hecho perder una operación. Estas noticias pueden ser básicamente cualquier cosa, pero hay algunas que suceden repetidamente. Los más comunes son los **discursos no programados** de los banqueros centrales, los gobernadores de bancos o los presidentes de las economías más importantes del mundo (en la actualidad, la noticia inesperada más inesperada probablemente se debe a D. Trump en su Twitter). También pueden ser cosas como un **acto de guerra** como el disparo de misiles de Corea del Norte sobre Japón o algún tipo de **desastre natural** como un huracán, un terremoto o un tsunami.

Hay formas de evitar operaciones al menos algunas de ellas:

1. **Usa Forex Factory:** Si ves un pico repentino de volatilidad en los gráficos, entonces verifica Forex Factory (sección "Todas las noticias") para ver si hay nuevas "noticias rojas" que causen el pico o no. Si no ves nada al principio, intenta actualizar la página varias veces, ya que Forex Factory a menudo tiene algunos minutos de retraso en la publicación de noticias inesperadas. **Si ves "noticias rojas", es mejor evitar tomar cualquier operación hasta que la situación se calme.** Si no encuentras ninguna noticia que cause el aumento de la volatilidad en unos pocos minutos, entonces no canceles ningún nivel de operaciones ni de operaciones, y yo opero como de costumbre.

2. **Usa FX Squawk:** FX Squawk es un servicio de noticias invaluable que te informa de cualquier evento con comentarios de audio en tiempo real. Para conseguirlo, solo necesitas registrarte gratis con FxPro (https://direct.fxpro.co.uk). Este servicio es realmente rápido, y es probablemente la mejor y más rápida manera de mantenerte informado. Si hay alguna noticia inesperada, puedes estar seguro de que FX Squawk te informará casi de inmediato. Entonces solo necesitas cancelar tus operaciones o ajustar tus operaciones a las noticias inesperadas.

3. **Usa el EA de TD**: Este es un asesor experto desarrollado para miembros de mi curso de operaciones. Una de las características que tiene es que no te permitirá abrir nuevas operaciones si se produce un aumento repentino en el precio o una ampliación del spread (que generalmente está vinculado a comunicados de prensa).

Consejo #4: La importancia y el posible impacto de los diferentes tipos de noticias macroeconómicas.

Algo bueno sobre el servicio que Forex Factory y otros sitios web similares brindan es que clasifican cada noticia según su importancia. Forex Factory tiene tres niveles de importancia noticiosa. Los menos importantes son el amarillo, luego hay un color naranja que representa noticias de impacto medio. Finalmente, está la "noticia roja", que es la publicación más importante del día.

Personalmente, no me importan las noticias "amarillas" (de bajo impacto) o "naranjas" (de impacto medio) porque estas noticias no tienen un impacto tan fuerte en los mercados (excepto los discursos de los gobernadores de EE. UU., Que a veces son significativos, y yo las trato como "noticias rojas"). Por lo general, no causan picos significativos en la volatilidad o cualquier otra cosa que deba preocuparme. Debido a esto, no me importan las operaciones durante estos tiempos de publicación de noticias "amarillas" y "naranjas".

Lo que sí me importa es la "noticia roja". Esas son las más significativas, y recomiendo evitarlas en su mayor parte. Sin embargo, el problema con las noticias rojas es que algunas son "más rojas" que otras. No me malinterpretes, el color es el mismo, pero la importancia y el posible impacto de las diferentes noticias rojas pueden variar significativamente. Ser capaz de distinguir entre varias noticias rojas puede parecer poco importante, pero de hecho, este conocimiento puede ayudarte mucho. ¿Por qué?

Déjame darte un ejemplo: hay una noticia roja llamada "Inventarios de petróleo crudo". Hay otra noticia roja llamada "Decisión de tasa". Ambos están marcados en rojo como noticia importante. El primero casi nunca tiene un impacto real en el USD, mientras que el otro suele ser el comienzo de un viaje loco que puede durar horas o días. En mis operaciones, sé que si el precio realmente no se mueve durante los "Inventarios de petróleo crudo", todo está bien y puedo comenzar a operar nuevamente básicamente 1-2 minutos después del evento. Cuando haya una "decisión de tasa", sé que no estaré operando al menos unas horas después del comunicado de prensa y si las noticias hacen que se desarrolle una tendencia unilateral, definitivamente no tomaré ningún nivel que vaya Contra esta tendencia. Espero que esto ilustre que hay una clara diferencia entre los elementos marcados en rojo. Para darte algo a lo que aferrarte, permítame distinguir las noticias rojas en tres categorías.

1. Noticias rojas débiles

Si tienes ganas de ser agresivo, entonces puedes mantener tu operación intradiaria incluso a través de esas noticias. **Esta noticia probablemente no causará ningún aumento importante de la volatilidad o un cambio repentino en los precios.** Si abandonas tu operación antes de esta noticia, puedes volver a ingresar a la operación muy pronto (digamos 1-5 minutos) después del lanzamiento. Si tu nivel de soporte / resistencia se ve afectado durante las noticias, puedes tomarlo (si te sientes un poco agresivo) o puedes esperar un poco y luego tomar la operación unos minutos después de las noticias.

Ejemplos de "Noticias rojas débiles":

- Confianza del consumidor de CB
- Inventarios de Petróleo Crudo
- Reclamos de Desempleo
- Ventas minoristas principales
- Permisos de construcción

2. Noticias rojas estándares

Nunca mantengo mis operaciones intradía durante tales noticias. **Las noticias rojas estándar tienen un impacto considerable en la volatilidad**, los diferenciales generalmente se amplían y existe un alto riesgo de deslizamiento. No importa qué tan fuerte sea tu nivel de soporte / resistencia, este tipo de noticias puede iniciar una tendencia que se puede disparar más allá de tu S / R y no mostrar ninguna reacción en absoluto.

Si el resultado de tal evento de noticias es sorprendente para los mercados, entonces puede ser el comienzo de una nueva tendencia. Por lo general, se ve como un movimiento agresivo de un solo lado que continúa moviéndose en una dirección sin ningún retroceso distintivo. En tal caso, es mejor cancelar todas tus operaciones que vayan en contra de dicha tendencia y, más bien, intercambiar "Operaciones de reversión" en la dirección de la tendencia recién formada. **Ejemplos de "noticias rojas estándar"**

- CPI
- GDP
- NFP (Cambio de Empleo no de Granja)
- Tasa de Desempleo
- Presidente de una economía líder en el mundo que habla (sobre un tema que afecta directamente a la economía y la moneda)

Este tipo de noticias son **capaces de cambiar o comenzar tendencias diarias / semanales / mensuales**. Es vital no tomar ninguna operación intradía (u operaciones de swing) durante y después de tales noticias.

Si hay un movimiento agresivo de un solo lado, entonces no intentes captar lo alto o lo bajo y deja que el precio se dispare más allá de tu zona S / R e ingresa un "Comercio de reversión" en la dirección de la tendencia recién iniciada. Aun así, debes tener mucho cuidado y asegurarte de que el primer pico fuerte de volatilidad haya terminado antes de intentar esto. La razón es que durante eventos macroeconómicos tan fuertes, todos los bancos y sus algoritmos son operaciones agresivas y el resultado de esos primeros momentos locos es básicamente impredecible. Solo debes iniciar operaciones cuando la situación se calme y se aclare un poco.

Si hay noticias tan sólidas, generalmente es mejor evitarlas deteniendo operaciones pocas horas antes e iniciar operaciones nuevamente en la próxima sesión de operaciones, o en la sesión después de la próxima sesión, por ejemplo, si hay una reunión del FOMC en los Estados Unidos. Sesión, a continuación, iniciar operaciones de nuevo en la sesión asiática. Si deseas ser más conservador, no iniciarás operaciones hasta que comience la sesión de la UE.

Ejemplos de "Noticias rojas monstruosas"

- Decisión de tasa, tasa de oferta mínima (y después de la conferencia de prensa)
- Reunión del FOMC, Declaración de política monetaria (y después de la conferencia de prensa)
- PFN (cuando el mercado considera que el número de PFN puede afectar directamente la decisión de la tasa)

Herramienta de impacto de noticias económicas

Hay una herramienta útil que se llama "herramienta de impacto de noticias económicas (https://www.forexpeacearmy.com/tools/economic-news-impact)." Con este widget inteligente, puedes verificar fácilmente la volatilidad histórica causada por cualquier noticia macroeconómica estándar. La principal ventaja de usar este indicador es saber **qué esperar y poder hacer un plan aproximado antes de que comience el evento macro real.**

Puedes utilizar esta herramienta, por ejemplo, cuando estás en una operación, y se aproxima algún evento macro. Puedes verificar cuál es la volatilidad durante este evento y luego decidir si mantener la posición a través de las noticias o si es un riesgo demasiado alto y es mejor cerrar la posición en su lugar.

Con base en los datos de este widget, también puedes verificar la solidez histórica de cualquier macro dada y decidir de antemano si algunos de tus niveles se verán afectados durante las noticias si tomarás las operaciones o, más bien, esperarás el precio para pasar a través de tu nivel y tomar una operación en reversa en la dirección de la nueva tendencia.

Consejo #5: Qué noticias afectan cuál par fx

Normalmente tengo cuidado con las operaciones en pares de fx que están directamente conectados a los próximos eventos macro. Por ejemplo, **cuando hay una noticia importante que afecta al USD, entonces no cambio ningún par de divisas con el USD**. Si hay noticias importantes sobre el AUD, entonces no tomo ninguna operación de pares de fx con el AUD. Es bastante simple. Lo que es más complicado, sin embargo, son las noticias macro que afectan indirectamente a algunos pares de fx. Las más comunes son:

- **Noticias de petróleo**: Éstos afectan el CAD porque la economía canadiense (y la fortaleza del CAD) depende de los precios del petróleo que produce Canadá.
- **Noticias de "Peligro de economía mundial"**: Cuando sucede algo peligroso en el mundo, es un hecho conocido que el dinero fluye a monedas de refugio seguras. Dicha moneda es el JPY. En situaciones como esta, el JPY se ve muy afectado y se fortalece. Incluso en los casos en que Japón está en peligro. Un buen ejemplo es un fuerte tsunami que golpeó a Japón hace unos años. Como reacción a este JPY fortalecido, ¡a pesar de que Japón fue la víctima! La moneda todavía se consideraba un refugio seguro y se fortaleció. Por lo tanto, cuando el JPY tenga un pico y vea noticias sobre algo peligroso que está sucediendo en el mundo (por ejemplo, Corea del Norte

disparando misiles, etc.) podrá hacer la conexión y sabrá que es mejor evitar las operaciones. JPY hasta que la situación se calme.

- **Noticias de subastas diaria:** Esta noticia afecta directamente a la NZD porque la economía de Nueva Zelanda depende en gran medida de la exportación de leche. Cuando hay noticias macro de subasta de productos lácteos, es mejor evitar las operaciones del NZD.

- **Noticias de metales industriales**: Si hay noticias significativas y sorprendentes sobre metales industriales (por ejemplo, acero, cobre), entonces puedes esperar ver algunos incrementos en el CAD y el AUD porque las economías de Canadá y Australia dependen de la exportación de esos metales. Si hay un movimiento agresivo de un solo lado en el AUD o CAD impulsado por noticias relacionadas con metales y materiales industriales, entonces generalmente es mejor evitar las operaciones de esos pares de divisas, o al menos ser un poco más cuidadoso.

- **Noticias sobre la economía de un socio comercial:** Un buen ejemplo sería una fuerte noticia que afecte a la economía china. Cuando hay tal noticia, puedes esperar que el AUD reaccione. La razón es que China es el mayor socio comercial de Australia. Australia exporta a China, y si, por ejemplo, la economía de China se ralentiza, significa menos exportaciones de metales industriales de Australia. Esta es una mala noticia para la economía australiana, y el AUD reacciona fuertemente a esas noticias. Entonces, cuando veas noticias fuertes y sorprendentes sobre la economía de China, recuerda tener cuidado con tus operaciones de AUD

Hay más correlaciones y enlaces como este, pero los que mencioné son los más comunes y afectan el mercado de divisas, en mi opinión, lo más.

Consejo #6: No operes durante anuncios de noticias importantes

Aparte del hecho de que es muy difícil o casi imposible predecir el movimiento de los precios durante el comunicado de prensa, también las condiciones del mercado generalmente son contrarias a usted durante eventos macroeconómicos significativos. Incluso si tuvieras una estrategia basada en noticias macro, tu tasa de strike se vería severamente disminuida por amplios diferenciales, falta de liquidez del mercado y deslizamiento. Esos son bastante comunes y están estrechamente vinculados a los comunicados de prensa. Es bastante difícil intercambiar las noticias cuando a menudo tendrás tu Tope de Pérdida deslizado por varios pips o cuando tu margen se amplíe de los habituales 0.5 a 5 pips. Tales condiciones literalmente matan cualquier estrategia rentable de operaciones. Así también, por esta razón, decidí mantenerme alejado de operar durante las noticias.

CONSEJO EXTRA: Si estoy operando usando órdenes limitadas (esto es alrededor del 50% de todos los casos), simplemente bajo el tamaño de mi posición al tamaño mínimo. De esta manera no necesito retirar mis órdenes de límite. El peor de los casos: mi nivel de operaciones se ve afectado y pierdo unos centavos o un dólar. Vuelvo a mi tamaño de volumen estándar después de que haya pasado el evento macro. Hago esto simplemente para ahorrar tiempo porque establecer nuevas órdenes de límite todo el tiempo se vuelve un poco tedioso después de un tiempo. Lo hago con mi intermediario que utiliza la plataforma cTrader. No estoy seguro de si esto también es posible hacerlo con el MetaTrader 4 estándar.

Consejo #7: Formas de abandonar tus operaciones antes de un importante comunicado de prensa

Prefiero abandonar mis operaciones entre 2 y 5 minutos antes del comunicado (en caso de que las noticias más importantes, por ejemplo, como la decisión de la tasa incluso antes). Por lo general miro el gráfico de 1 minuto para ver qué sucede con la perspectiva más pequeña. Por ejemplo, si veo que hay un canal en el gráfico de 1 minuto, trato de terminar la operación en el extremo del canal. En este caso, no es probable que el mercado salga del canal antes del comunicado. Al cerrarme de esta manera, puedo sacar lo mejor de la situación que se me ha dado. Claro que puedes esperar y rezar, pero recuerda que el tiempo se está acabando, por lo que es mejor tomar la primera salida lógica.

Otro ejemplo es cuando la Acción del Precio no se ralentiza en un canal estrecho. En este caso, trato de salir de mi posición con la resistencia más cercana que puedo ver en el gráfico de 1 minuto. Esta resistencia suele ser algún tipo de rotación de precios (= área de acumulación de pequeño volumen) a partir de la cual comenzó alguna actividad de compra o venta.

Se podría ver como esto por ejemplo:

Consejo #8: Cuando comenzar las operaciones de nuevo después de un comunicado de prensa

La regla general a seguir es la siguiente: **comience de nuevo las operaciones cuando la volatilidad posterior a las noticias se haya calmado**. Sin embargo, esto a veces puede ser un poco difícil de decir.

Lo que me ayuda es comprobar primero el tipo de noticias macro. Si se trata de noticias realmente sólidas, como una Decisión sobre la tasa de interés (o después de una conferencia de prensa), PFN, IPC, PIB, espero una gran volatilidad y volveré a tener más cuidado con las operaciones después de que se publique la noticia. Además, si un evento macro tan fuerte provoca un movimiento de un solo lado (= fuerte tendencia alcista o bajista de un solo lado), entonces soy muy cuidadoso, y prefiero no realizar ninguna operación hasta que esté realmente seguro de que los mercados se calmarán. El riesgo de que un movimiento fuerte y agresivo supere el nivel es demasiado grande para tomar, y generalmente es mejor prevenir que lamentar. Lo que prefiero en una situación como esta es un cambio de inversión (más sobre esto en la sugerencia n.10).

Si las noticias no son tan significativas (por ejemplo, permisos de construcción, inventarios de petróleo, ventas minoristas, reclamos de desempleo), entonces realmente no espero que el impacto en los mercados sea tan grave. En tales casos, solo espero un poco para que el precio se calme y luego me complace volver a negociar. Esto puede ser por ejemplo en 1-10 minutos.

Consejo #9: Volver a entrar en una operación después de que haya sucedido un macroevento

Si renuncio a una operación antes de las noticias y las noticias no causan un aumento lo suficientemente significativo como para haber golpeado a TOPE DE PÉRDIDA u OBJETIVO DE BENEFICIO, trato de volver a ingresar a la posición si tengo la oportunidad de ingresar al mismo o mejor precio que antes. Solo vuelvo a ingresar si la volatilidad se ha estabilizado y el precio no se acercó al objetivo de beneficio (digamos alrededor del 75% o más). También vuelvo a ingresar solo cuando todavía creo que podría ser un beneficio. ¿Cómo puedo determinar esto? A modo de ejemplo, si tengo un nivel al que quiero llegar, quiero ver un rechazo rápido y brusco de los precios más bajos (gráfico de 1 minuto) si voy a ingresar a mi posición nuevamente. Si solo hay un punto bajo débil y el precio solo rota lentamente en el punto de reacción, generalmente tengo un poco de duda en volver a ingresar y es posible que no lo vuelva a ingresar. En las dos imágenes a continuación, puedes ver un intercambio corto que renuncié antes de las noticias y volví a ingresarlo después. También puedes ver el fuerte rechazo de los precios más altos que me aseguraron volver a entrar en la operación.

Si la reacción a las noticias (significativas) es fuerte y el precio se dispara de forma rápida y agresiva hacia su nivel de operaciones, entonces es mejor no interponerse en el camino y tomar un comercio de Reversión. Especialmente si las noticias fueron realmente fuertes (PFN, IPC, PIB) y el resultado de las noticias fue sorprendente.

Solo tiene que esperar a que el precio supere el nivel de soporte/resistencia que querías operar y cuando vuelva a "probar" el nivel desde el otro lado, ingresa a tu posición pero en la dirección opuesta, que es la Dirección de la nueva tendencia post-macro. De esta manera, básicamente, utilizas tu nivel de operaciones para participar en el comportamiento de la tendencia. Solo necesitas ajustar tu sesgo y estar listo para negociar tu nivel desde el otro lado. Tal desarrollo y pruebas inversas son a veces bastante rápidas, por lo que debes ser rápido.

Ve la imagen a continuación:

Análisis de operaciones intradía

En este lugar, me gustaría decirte cómo abordar tu análisis diario de los mercados de principio a fin.

Lo primero que debes hacer en tu análisis diario es echar un vistazo a un **calendario macroeconómico** y ver qué noticias y eventos están surgiendo durante el día. Necesitas marcar la hora en que se publican las noticias. No querrás acabar atrapado en un intercambio que se activó por un pico durante las noticias.

Después, querrás ver la tendencia general o el panorama general del activo que estás a punto de analizar. Puedes hacerlo mirando un gráfico de 240 minutos o Diario. De esta manera, verás si hay una tendencia alcista, una tendencia bajista o una rotación. Si hay una fuerte tendencia alcista, entonces solo se quieren tomar operaciones largas. **Si hay una fuerte tendencia bajista, entonces solo querrás tomar operaciones cortas. En caso de que haya una rotación, puedes tomar operaciones largas y cortas.** Debes ser consciente de la tendencia general porque los niveles intradía generalmente no son tan fuertes para detener o cambiar una tendencia fuerte. Si los compradores o vendedores fuertes están presionando el precio agresivamente en una dirección durante días, a ellos realmente no les importará si hay un nivel intradiario "débil" en su camino.

Cuando hayas marcado las noticias macro más importantes y estés al tanto de la tendencia general, es hora de un **análisis diario de Acción del Precio**. Yo personalmente hago este análisis en gráficos de 30 minutos. Además, los gráficos de 15 minutos o 1 hora harán el trabajo. En este lugar, mira la tabla y marca todas las áreas significativas e información que la Acción del Precio te brinda. Lo más importante que se debe notar son las **áreas laterales de Acción del Precio**, la **actividad de iniciación agresiva** (tendencias) y los **fuertes rechazos**. Estaba hablando de esto en la sección de Acción del Precio de este libro. Déjame mostrarte (de nuevo) una imagen que debería aclarar lo que quiero decir:

área de acción lateral de precios

actividad de iniciación agresiva

rechazo fuerte

De esta manera, tendrás una imagen completa del mercado y podrás comenzar a buscar niveles de operaciones.

Ahora, es mejor comenzar con un **análisis de perfil de volumen**. Deseas analizar áreas significativas de Acción del Precio del paso anterior y buscar las tres configuraciones principales basadas en el volumen:

• Configuración # 1: Configuración de acumulación de volumen

• Configuración # 2: Configuración de tendencias

• Configuración # 3: Configuración de rechazo

También es útil buscar confirmaciones de sus niveles basados en el volumen. Para eso, utilizo las estrategias de Acción del Precio mencionadas anteriormente en este libro. Las "**estrategias de confirmación**" son:

• Soporte convirtiéndose en resistencia (y viceversa)

• Open-drive

• AB = CD

• Sesión abierta

• Alto y bajo diario /semanal

Cuando hayas creado tus niveles de operaciones, también es bueno comprobar si hay un nivel **alto/bajo débil** en la proximidad de tu nivel. Lo mismo ocurre con una **subasta fallida** (ambas descritas anteriormente en este libro). Debes conocerlas y evitar colocar tus niveles de entrada cerca de ellas.

Después de que todo esto se haga, solo necesitas cumplir con tu plan de operaciones y ejecutar todas sus operaciones a la perfección.

Operaciones swing y análisis de inversión a largo tiempo

Planificando tus operaciones de swing y tus inversiones a largo plazo es básicamente lo mismo que hacer el análisis intradiario. De hecho, es un poco más fácil. La razón es que en la mayoría de los casos puedes omitir el primer paso (verificando el calendario macroeconómico) y también el segundo (analizar la tendencia general). El motivo es que las operaciones de swing y las inversiones a largo plazo tienen un área de TOPE DE PÉRDIDA mucho más amplia y, por lo tanto, la volatilidad causada por las noticias macroeconómicas generalmente no pondrá en peligro tu operación (la excepción son las noticias relacionadas con el banco central que pueden poner en peligro a tus posiciones de swing).

Tampoco es necesario que prestes atención a la tendencia general porque los niveles de inversión a largo plazo y el swing son lo suficientemente fuertes como para cambiar el curso de una tendencia fuerte. A continuación, se muestra un ejemplo de una transacción a largo plazo que realicé recientemente en el AUD / USD (gráfico diario):

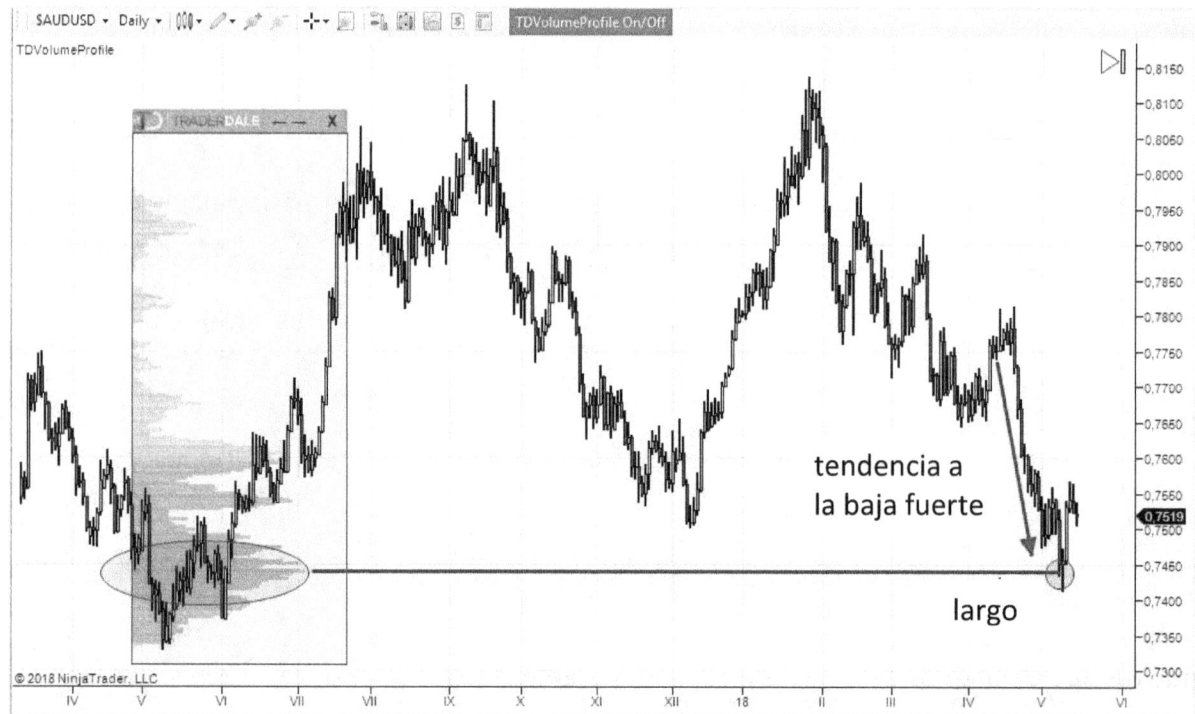

En la imagen, puedes ver claramente una tendencia bajista muy fuerte. Debido a que se trataba de un comercio de swing, entré en la posición larga a pesar de que era un comercio en contra de la tendencia.

Al crear niveles de swing y planificar inversiones a largo plazo, solo haces el **análisis de Acción del Precio y el Perfil de volumen**. Lo haces exactamente de la misma manera que en el análisis de operaciones intradía, excepto que usas marcos de tiempo más altos. También puedes utilizar las "**Estrategias de confirmación**":

• Soporte convirtiéndose en resistencia (y viceversa)

• Open-drive

• AB = CD

Con las operaciones de swing y las inversiones a largo plazo, también debes tener en cuenta las **subastas débiles alto/bajo y las subastas fallidas**. Búscalas en un período de tiempo más alto (240 minutos o Diario para operaciones de swings, gráficos semanales o mensuales para inversiones a largo plazo).

Gestión de la posición

Objetivo de Beneficio

Hay dos formas principales de determinar dónde debe estar tu objetivo de beneficio. Puede ser un Objetivo de beneficio fijo o un Objetivo de beneficio basado en volumen.

Objetivo de beneficio fijo:

De esta forma, adaptas tu OBJETIVO DE BENEFICIO a la volatilidad del mercado con el que operas. Lo haces, por ejemplo, usando el ATR como te mostré anteriormente en este libro. De esta manera, utilizas el mismo valor de objetivo de beneficio para todas tus operaciones intradía, por ejemplo, 10 pip OBJETIVO DE BENEFICIO para cada operación.

Este método hace que tus operaciones y tu decisión facilitando el proceso, ya que no necesitas pensar en la configuración de tu OBJETIVO DE BENEFICIO en cada operación.

Objetivo de Beneficio basado en volumen:

En este caso, tu Objetivo de beneficio es diferente para cada operación. Lo determinas utilizando el Perfil de volumen. La lógica detrás de esto es que las **zonas de gran volumen son fuertes soportes / resistencias**. Por esa razón, deseas **colocar tu Objetivo de beneficio frente a dicho soporte / resistencia**, porque existe el riesgo de que el precio gire en la zona S / R y no se alcance tu Objetivo de beneficio.

Eche un vistazo a un ejemplo de una operación larga que tomé hace unos días:

En la imagen, puedes ver cómo la resistencia basada en el volumen (alrededor de 1.1934) convirtió el precio nuevamente en una actividad de venta. El lugar ideal para abandonar esta operación fue alrededor de 1.1930-1.1934.

Aquí hay otro ejemplo para que quede más claro:

En este momento, mientras escribo sobre este tema, acabo de abandonar una posición larga en el USD / JPY que se basó exactamente en este enfoque. Bonita coincidencia, ¿no te parece? Echa un vistazo a la operación a continuación (mi operación larga se basó en la configuración # 2: configuración de tendencias):

La regla general para el Objetivo de Beneficios basado en el volumen es colocar el OBJETIVO DE BENEFICIO unos pocos pips antes de la primera área de volumen importante que se interponga en el camino de tu operación. Si el área más cercana está demasiado cerca (digamos que menos del 10% de la volatilidad diaria promedio), entonces no tomes la operación. Tu OBJETIVO DE BENEFICIO estará simplemente demasiado cercano y la ganancia potencial de la operación no valdría la pena el riesgo.

Colocación de Tope de Pérdida

Tope de Pérdida Fijo

De esta forma, adapta tu TOPE DE PÉRDIDA a la volatilidad del mercado con el que operas. Lo haces, por ejemplo, usando el ATR como te mostré anteriormente. De esta manera, utilizarás el mismo Tope de Pérdida para todas tus operaciones intradía, por ejemplo, 10 pips.

Este método hace que tus operaciones y tu decisión faciliten el proceso, ya que no necesitas pensar en la configuración de tu TOPE DE PÉRDIDA en cada operación.

En este caso, tu Tope de Pérdida es diferente para cada operación. Tú lo determinas utilizando el Perfil de volumen. La lógica detrás de esto es que las **zonas de volumen significativo son fuertes soportes / resistencias**. Por esa razón, deseas **colocar a tu Tope de Pérdida detrás de dicho soporte / resistencia porque la zona de volumen podría realmente impedir que el precio llegue a tu TOPE DE PÉRDIDA.** Los buenos lugares para tales TOPE DE PÉRDIDA son, por ejemplo, en los puntos de swing donde los volúmenes suelen ser los más bajos.

Con este enfoque, también **debes tener en cuenta la volatilidad del mercado**. A veces, tu TOPE DE PÉRDIDA sería demasiado estricto con este método y el riesgo de que el precio se dispare y lo atraviese sería demasiado grande. Por eso, el uso de este método no es apropiado en todos los casos. Por ejemplo, si tu TOPE DE PÉRDIDA de volumen solo sería de 5 pips en un par de divisas que tiene una volatilidad diaria de alrededor de 150 pips, no tendría mucho éxito y, en tal caso, un TOPE DE PÉRDIDA fijo de, por ejemplo, 20 pips se adaptaría mejor a la situación. En tal caso, una buena solución sería utilizar, por ejemplo, la segunda área de volumen significativo más cercana como el soporte / resistencia detrás del cual colocas tu TOPE DE PÉRDIDA.

Echa un vistazo a un ejemplo de un TOPE DE PÉRDIDA basado en volumen:

En el siguiente ejemplo, hay dos opciones para que coloques tu TOPE DE PÉRDIDA. La opción # 1 es colocar el TOPE DE PÉRDIDA en el lugar donde termina el volumen significativo. Sin embargo, esto sería solo 7 pips, que es bastante pequeño, por lo que es posible que prefieras la opción # 2. La segunda opción tiene el TOPE DE PÉRDIDA en la parte superior de un punto de swing y está a 18 pips del nivel corto. Cuál de los que elijas dependerá de la volatilidad del mercado y de tu preferencia:

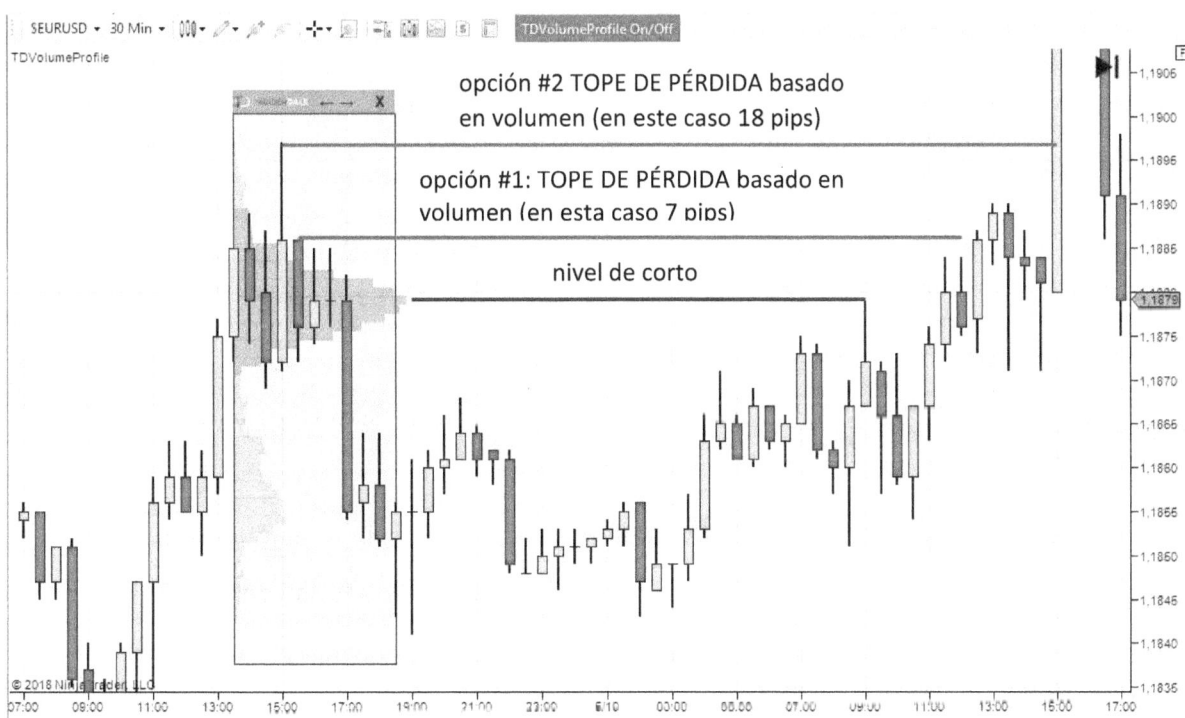

El siguiente ejemplo muestra una transacción de swing que tomé en el EUR / USD. Ingresé a mi posición larga en el lugar con los volúmenes más pesados (Configuración # 1: Configuración de acumulación de volumen). Mi TOPE DE PÉRDIDA estaba por debajo de la zona de gran volumen y al mismo tiempo en el punto más bajo del punto de swing. Fueron 78 pips desde el punto de entrada, que fue alrededor del 100% de la volatilidad diaria promedio.

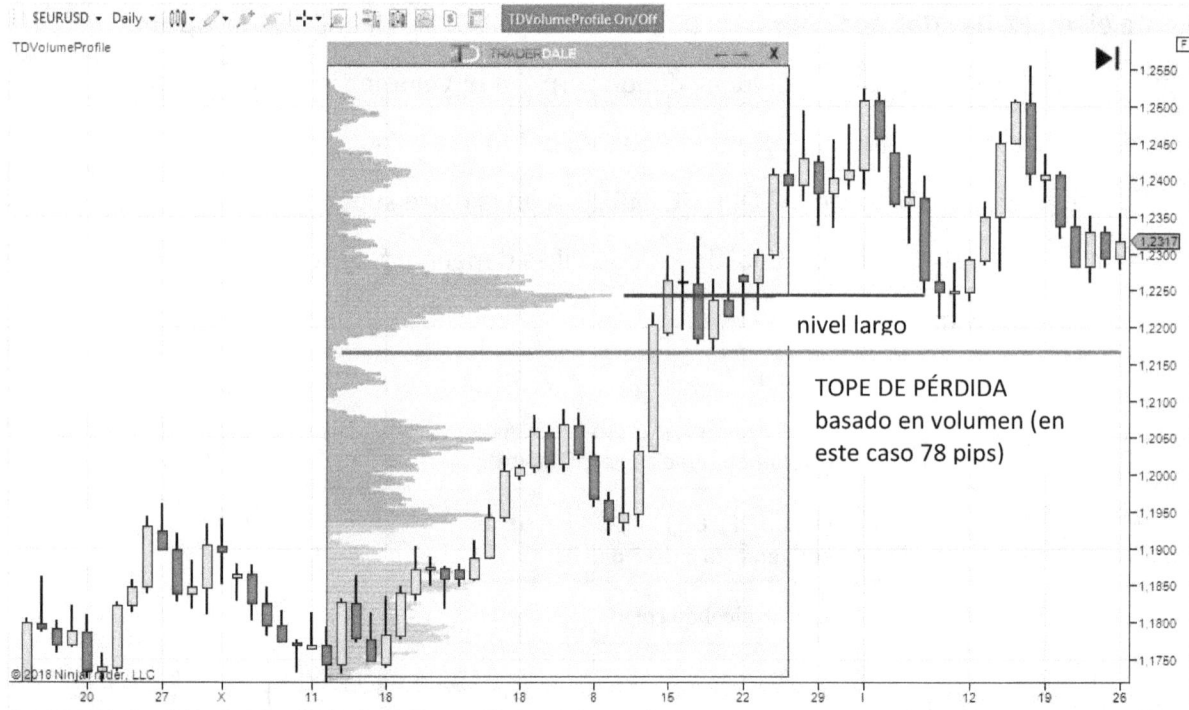

Tope de Pérdida Basado en Volumen: Enfoque TOPE DE PÉRDIDA Alternativo

Con el enfoque Alternativo de TOPE DE PÉRDIDA, no abandonas tu posición cuando alcanzas el nivel de TOPE DE PÉRDIDA, sino que sales solo cuando una vela CIERRA más allá de tu "TOPE DE PÉRDIDA normal". La razón de esto es que a veces el precio supera tu nivel, aunque la idea original detrás del nivel era correcta. Esto podría deberse a una fuerte volatilidad, a la caza de TOPE DE PÉRDIDA (compresión TOPE DE PÉRDIDA), o simplemente porque no le diste suficiente espacio para que se desarrolle la posición. Apuesto a que te sucedió muchas veces, que tomaste un TOPE DE PÉRDIDA y unos momentos después, el precio cambió completamente de dirección y tu operación terminaría en una ganancia. El enfoque alternativo de TOPE DE PÉRDIDA se encarga de situaciones como esa.

Sin embargo, también hay un inconveniente a esto. El inconveniente es que no sabes de antemano cuál será tu TOPE DE PÉRDIDA final.

No es fácil administrar tales posiciones desde el punto de vista de la administración del dinero. Por esta razón, uso "**TOPE DE PÉRDIDA escenario catastrófico" que es el 150% del "TOPE DE PÉRDIDA normal**". Si el precio alcanza el "escenario catastrófico TOPE DE PÉRDIDA", renuncio a la posición inmediatamente. Con esto, al menos puedes saber cuánto te costará el peor escenario absoluto.

En mi experiencia, el Catastrófico TOPE DE PÉRDIDA no es golpeado con demasiada frecuencia. Está allí principalmente como un pasador de seguridad.

Permíteme demostrar cómo funciona el enfoque de Alternativo TOPE DE PÉRDIDA en una operación que cerré ayer.

A continuación, puedes ver un gráfico diario de AUD / NZD. Tenía un nivel de swing largo que se basaba en la configuración de la acumulación de volumen. El "**TOPE DE PÉRDIDA normal**" seria alrededor de 1.0659, exactamente en la parte inferior de la barra de puntos que se puede ver en el lado izquierdo de la tabla. Este es un lugar bueno y lógico para un TOPE DE PÉRDIDA porque se encuentra debajo de la zona de soporte principal = debajo de la acumulación de volúmenes (en el círculo azul) y en un área de bajo volumen. Después de que entré en la operación larga, el precio se fue en mi contra y golpeó el "TOPE DE PÉRDIDA normal". Creo que probablemente mucha gente tenía sus pedidos de TOPE DE PÉRDIDA allí y el mercado simplemente fue allí para llevarlos. Después de eso, el precio finalmente subió.

No cerré mi posición cuando el precio alcanzó el "TOPE DE PÉRDIDA normal" porque utilicé el enfoque de TOPE DE PÉRDIDA Alternativo. Habría cerrado mi posición solo en dos casos: 1. Si una vela diaria se cerrara por debajo de la línea "normal TOPE DE PÉRDIDA" o 2. Si el precio alcanzó el TOPE DE PÉRDIDA catastrófico. Ninguno de estos dos escenarios sucedió, así que mantuve la posición y pude obtener una ganancia completa al día siguiente.

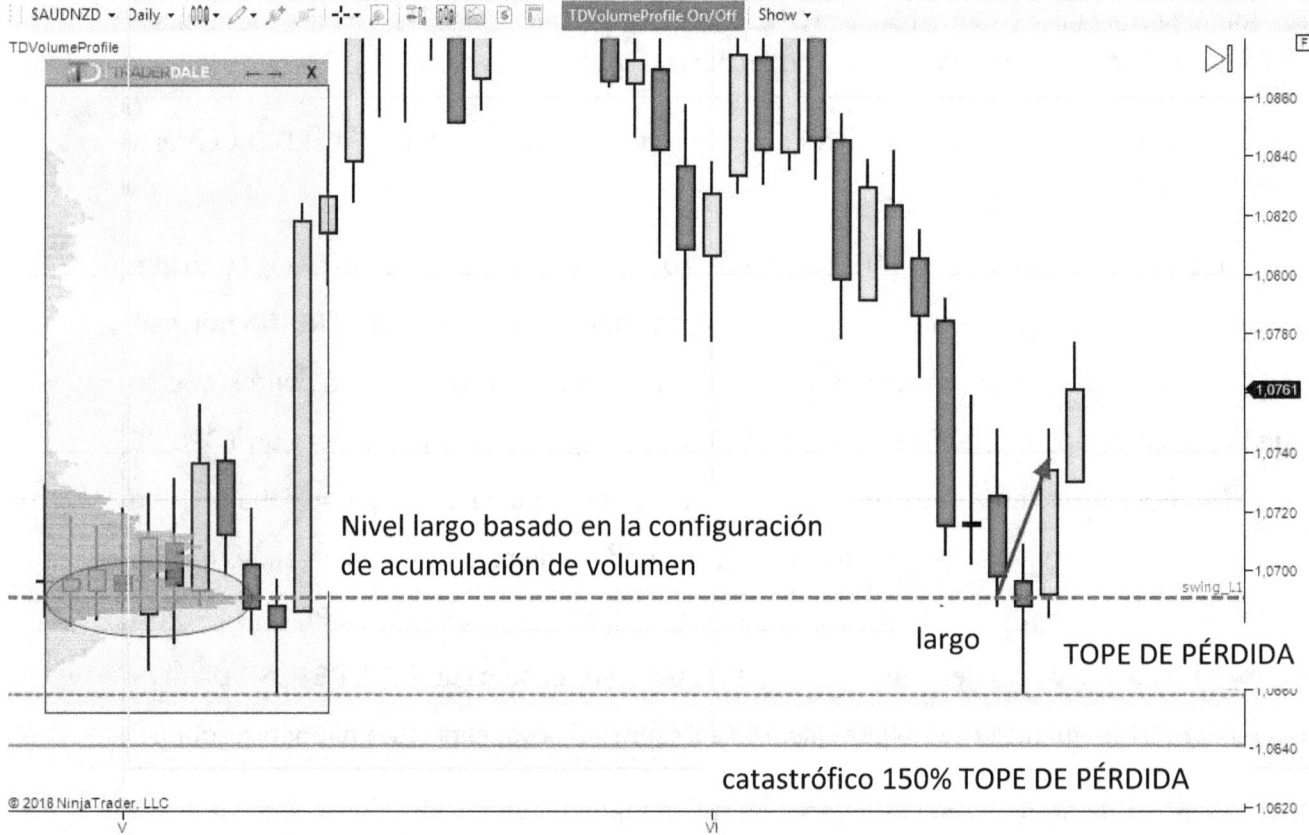

Permíteme darte un ejemplo más, esta vez de una operación de swing en el EUR / USD. El precio realmente no respetó un nivel corto que tenía allí y entré en el TOPE DE PÉRDIDA. Sin embargo, la vela diaria no se cerró por encima del TOPE DE PÉRDIDA y tampoco golpeó el catastrófico 150% TOPE DE PÉRDIDA. Por esa razón, no dejé la operación y la sostuve. Eventualmente, el precio cambió y pude obtener una ganancia.

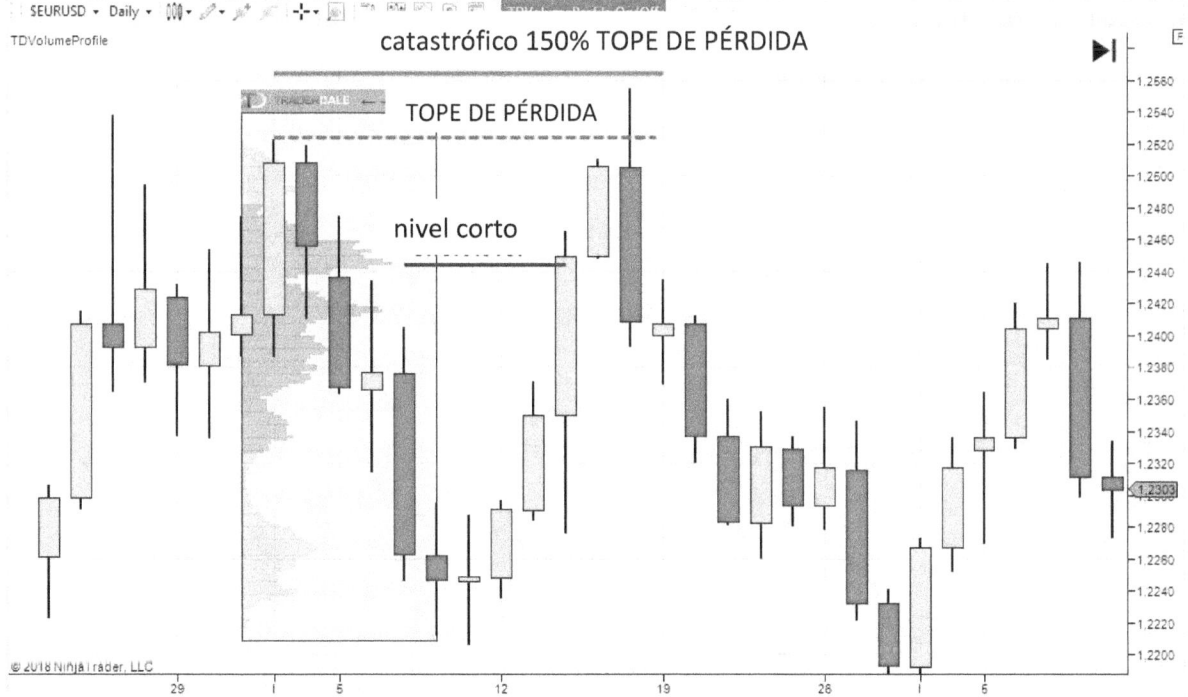

* Prefiero usar el enfoque Alternativo TOPE DE PÉRDIDA en mis operaciones de swing y lo uso con velas diarias. No aplico el método Alternativo TOPE DE PÉRDIDA a mis operaciones intradía.

Gestión de Tope de Pérdida

La gestión del Tope de Pérdida es cuando manejas tus pérdidas potenciales moviendo la orden de TOPE DE PÉRDIDA. Distinguí tres enfoques de gestión de TOPE DE PÉRDIDA:

Enfoque agresivo: Operas sin mover tu TOPE DE PÉRDIDA inicial. Si usaste, por ejemplo, 12 pips TOPE DE PÉRDIDA, no lo muevas pase lo que pase. Solo hay dos resultados de la operación: TOPE DE PÉRDIDA total u OBJETIVO DE BENEFICIO completo.

Aunque este enfoque puede parecer demasiado simple para trabajar, de hecho, es bastante efectivo. Sin embargo, a veces hay casos en que la posición gira solo un poquito antes del Objetivo de Beneficios y luego se ejecuta en una TOPE DE PÉRDIDA completa. Desafortunadamente, este enfoque no se ocupa de tales casos.

Personalmente utilizo este enfoque cuando cambio la sesión asiática (porque estoy dormido y no puedo manejar mis posiciones manualmente).

Enfoque neutro: mueves tu TOPE DE PÉRDIDA al punto de reacción (el lugar donde el precio realmente cambió) cuando el precio alcanza el 70-80% de tu Objetivo de beneficio.

Con un objetivo de beneficio de 10 pips, la situación se vería así.

De esta manera, puedes evitar el escenario cuando pierde su Objetivo de beneficio por unos pocos pips y luego el precio cambia y llega a su Tope de Pérdida completo. Generalmente, cuando el precio ha hecho el movimiento del 7080%, puede estar bastante seguro de que esta fue la reacción real a su nivel. Si el precio vuelve al punto de reacción después del movimiento del 70-80%, es mejor abandonar el comercio porque la reacción ya estaba allí, pero no tan fuerte como quisiera.

* Prefiero este enfoque cuando comercializo las sesiones de operaciones de la UE y de los EE. UU.

Enfoque conservador: Cuando el precio hace que el 70-80% de tu objetivo de beneficio, mueva a tu TOPE DE PÉRDIDA a su punto de entrada (punto de equilibrio) para que la operación no pueda terminar como una pérdida.

Con un objetivo de beneficio de 10 pips, la situación se vería así:

No soy un fan de este enfoque. La razón es que es bastante habitual que el precio regrese al nivel de entrada después de la primera reacción impulsiva. Sin embargo, la reacción principal a veces ocurre solo después de un retroceso al punto de entrada. De esta manera, muchas posiciones potencialmente rentables terminarían demasiado pronto.

La razón por la que a muchas personas les gusta este enfoque es que se sienten seguros cuando aseguran la posición en el punto de equilibrio. En tal caso, significa que pueden ganar o abandonar sin una pérdida. Sin embargo, en operaciones reales, esas personas abandonan muchas operaciones que eventualmente terminarán como ganadores.

Salirse temprano de la posición

Puedes aplicar esta regla en los tres enfoques de gestión de Tope de Pérdida que mencioné. La idea es **abandonar la posición en el punto de equilibrio cuando no veas ninguna reacción al nivel** y cuando el precio realice una rotación larga en números rojos (debajo de tu entrada larga o por encima de tu entrada corta) sin ningún rechazo significativo. En tal caso, intenta salir idealmente en el punto de equilibrio. Por ejemplo como este:

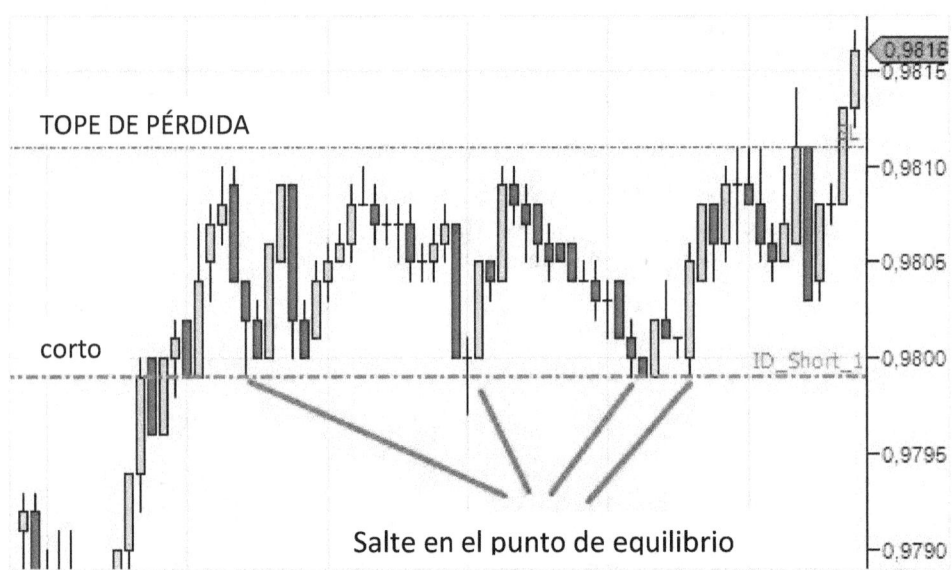

TOPE DE PÉRDIDA

corto

Salte en el punto de equilibrio

En mi opinión, el mejor lugar para abandonar tu posición temprano es exactamente en el nivel de entrada (en el punto de equilibrio) porque el nivel generalmente funciona como una zona de soporte / resistencia.

Si el precio no respeta el nivel, pasa de largo y el nivel comienza a funcionar como una zona de resistencia (cuando estás corto) o como un soporte (cuando eres largo), es una buena idea salir del punto de equilibrio y buscar la siguiente configuración. Es esencial salir exactamente en el punto de equilibrio. Por lo general, las reacciones a los niveles basados en el volumen son realmente precisas, por lo que ser codicioso y no abandonar el comercio en punto de equilibrio solo haría que pierda la oportunidad de salir de una mala operación.

Además, esas oportunidades (para salir en punto de equilibrio), en mi experiencia, no duran mucho. De hecho, suelen tardar unos segundos o minutos. Por este motivo, es mejor no intentar salir de la posición manualmente, sino mover tu orden de Beneficio objetivo al nivel punto de equilibrio para que se active automáticamente.

Ya sea que administres tus posiciones de esta manera o no es opcional y solo depende de ti. No es un mal método, pero a veces ser paciente con tu posición vale más que intentar salir de cada segunda operación a la que ingresas. Personalmente estuve usando este método algunos años, pero luego decidí simplificar mis operaciones. Entonces, dejé de salir de las operaciones en punto de equilibrio y, en la mayoría de los casos, mantengo mis posiciones hasta el final, sin importar lo que suceda.

Gestión del Dinero

La gestión del dinero es una parte esencial de todo plan de operaciones. Incluso si tu estrategia de operaciones es realmente buena, puedes terminar perdiendo si no tienes una administración de dinero sólida.

Cuánto arriesgar por operación

Uno de los aspectos más importantes de MM sólido es tu riesgo por operación. Aquí es cómo determinar cuánto arriesgar:

Primero, necesitas hacer una prueba retrospectiva de tu estrategia. Con la prueba hecho, podrás ver cómo se realizó la estrategia a lo largo del tiempo. Lo más importante que mostrará la **prueba retrospectiva es la mayor reducción de la estrategia realizada históricamente**. De esta manera, tendrás una idea aproximada de cuál podría ser el peor escenario. Es importante tener en cuenta que esto es solo una prueba retrospectiva, por lo que el peor escenario real será un poco peor en condiciones de operaciones reales (por ejemplo, un 20% peor).

Digamos que en la peor reducción, la estrategia tuvo 6 derrotas consecutivas. Agrega a ello el 20% de coeficiente y tendrás 6 x 1.2 – 7.2 pérdidas. Por lo tanto, puedes esperar que en el peor de los casos tomarás 7 operaciones perdidas seguidas.

Ahora, debes **pensar qué parte del saldo de tu cuenta estás preparado para perder y aún estar relativamente bien con eso**. Relativamente bien significa que estarás bien con tal caída y aún podrás pensar con claridad y atenerte a tu plan. Digamos que te sientes cómodo perdiendo el 25% del saldo de tu cuenta. Obviamente, este número será bastante diferente para todos. Me imagino a un joven ambicioso que intenta impulsar su pequeña cuenta de operaciones que todavía se puede sentir relativamente bien con un 50% de reducción, mientras que un operador más viejo y experimentado con una cuenta mucho más grande se sentiría realmente mal si perdiera el 10% de su cuenta.

En este ejemplo, digamos que eres mentalmente capaz de manejar una reducción del 25%. En este caso, las 7 operaciones perdedoras deben representar la pérdida del 25%. Si divides el 25% por ciento por el número de operaciones, obtienes el porcentaje de tu capital de operaciones que debes arriesgar por una operación. En este caso es 25% / 7 = 3.58%. Sobre la base de este simple cálculo, tu riesgo por operación debería ser del 3.58%.

Radio de Recompensa de Riesgo (RRR)

El radio de recompensa de riesgo muestra cuánto arriesgas en comparación con cuánto puedes ganar. Por ejemplo, si ingresas a una operación en la que arriesgas 20 pips (en caso de que el precio vaya en tu contra) y tu ganancia potencial sea de 40 pips, entonces tu RRR = 1: 2. Echa un vistazo al siguiente ejemplo simple:

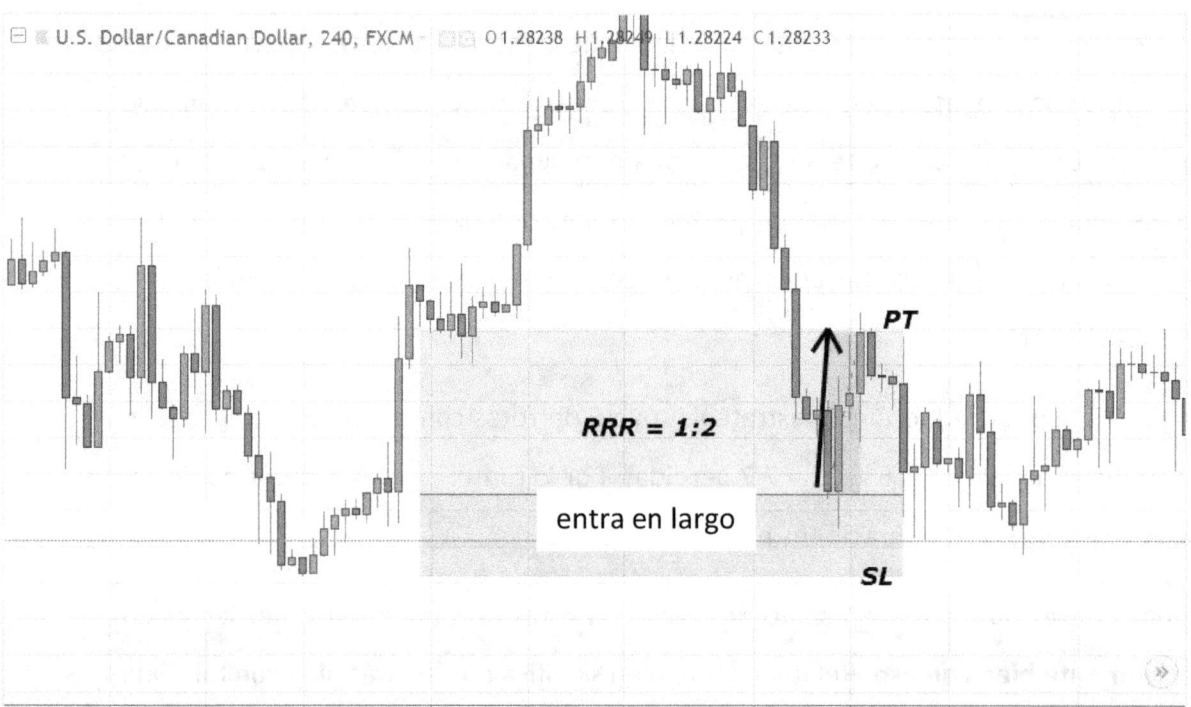

Es una especie de consenso que siempre debes mantener una RRR positiva (la ganancia potencial es mayor que tu riesgo potencial). No estoy realmente seguro de por qué todo el mundo lo prefiere así. Parece que realmente no ven la desventaja de la RRR positiva, que es una tasa de ataque más baja. Esta es una estadística simple. Por ejemplo, si tu estrategia tiene una tasa de ataque del 60% con RRR 1: 1, entonces, si amplías tu Objetivo de Beneficios de manera que el RRR sea 1: 2, entonces la tasa de ataque bajará proporcionalmente y tu tasa de ataque probablemente estará en algún lugar El 40% del área.

Solo recuerda esto: **cuanto más positivo sea el RRR, menor será la tasa de strike**. Es matemática simple y no hay que evitarla.

Hay un factor más, que todo el mundo parece no ver. Es el factor tiempo. **Cuanto más tiempo permanezcas en una posición abierta, mayor será la posibilidad de que ocurra algo inesperado** (algo saldrá mal). Por ejemplo, el mercado podría perder su impulso, o puede haber noticias económicas inesperadas que cambien por completo la dirección y el estado de ánimo de los mercados, etc. Pueden suceder muchas cosas inesperadas. Si extiendes tu OBJETIVO DE BENEFICIO demasiado lejos para tener un RRR positivo, entonces el riesgo de que ocurra algo inesperado es mayor que si usara RRR, por ejemplo, 1: 1.

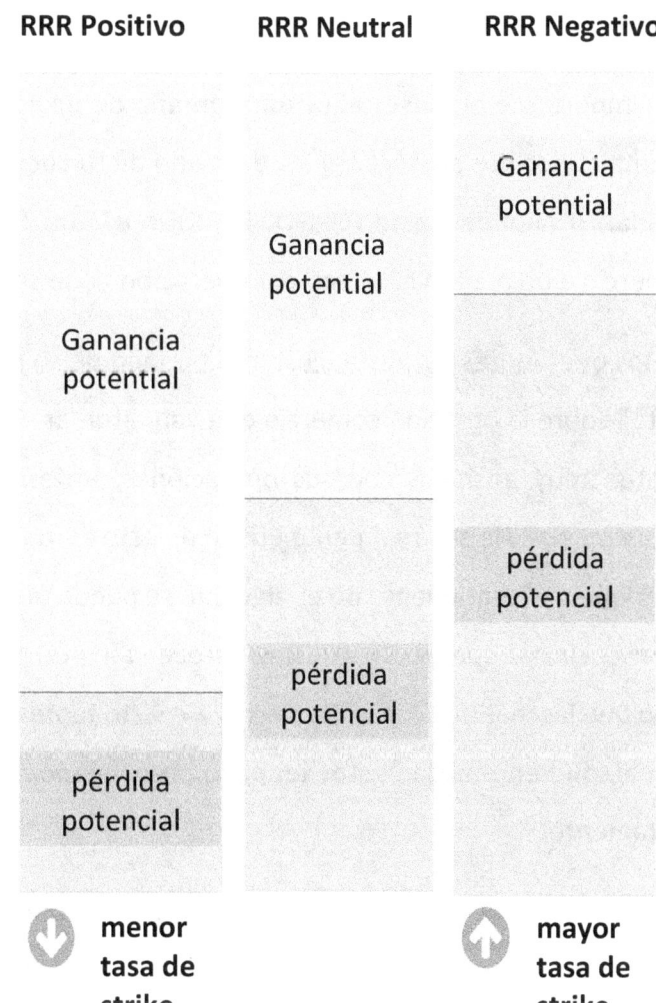

Algunas personas prefieren ganar con frecuencia, por lo que eligen RRR negativo (ganas menos de lo que arriesgas). La desventaja del RRR negativo es que cuando tomas una operación perdedora, duele mucho (la pérdida es mucho más grande que tu beneficio estándar)

A algunas personas les gusta tener un RRR positivo, por ejemplo, aquellos que siguen sus posiciones y de vez en cuando se llevan un gran ganador. La desventaja de esto es que la tasa de strike es baja y deben ser muy disciplinados en sus operaciones porque el número de operaciones perdedoras es alto. No es fácil mantenerse mentalmente bien cuando has tenido una séptima pérdida consecutiva...

Creo que ninguno de los extremos es bueno. Por esta razón, mi preferencia personal es RRR cercano a 1: 1.

Tamaño de posición

Es muy importante que **uses el mismo tamaño de posición para todas tus operaciones**. Si, por ejemplo, decides arriesgar el 2% del saldo de tu cuenta por operación, debes atenerte a esta regla. Tu valor de pip de TOPE DE PÉRDIDA u OBJETIVO DE BENEFICIO puede cambiar de un comercio a otro, pero tu riesgo por operación debe seguir siendo el mismo.

A algunos operadores les gusta ajustar el tamaño de su posición también de acuerdo con su "instinto" sobre la opración comercio que van a tomar. Si realmente les gusta el escenario y se sienten muy positivos con sus operaciones, arriesgan más. Si no están tan seguros, arriesgan menos. No soy realmente un fan de este enfoque debido a dos razones. La primera razón es que un "sentimiento no es algo que se pueda medir. La segunda razón es que, según mi experiencia, las operaciones que no parecen tan perfectas tienen las mismas posibilidades de éxito que las más atractivas. De hecho, He visto tantas operaciones realmente buenas que salen mal, que en realidad estoy un poco preocupado cuando veo una operación que luce perfectamente.

Necesito señalar que los **diferentes tipos de operaciones pueden variar en lo que respecta al tamaño de la posición**. Puedes arriesgar, por ejemplo, 2% en operaciones intradía estándar, 1% en operaciones de reversión y 3% en operaciones de swing. Sin embargo, debes atenerte a esas cifras y no arriesgarte, por ejemplo, al 1% en una operación intradía y al 3% en otra operación intradía solo porque crees en la operación más.

Hay muchas calculadoras de tamaño de posición en Internet (a veces también parte de una plataforma de operaciones). Puedes usar por ejemplo esta:

https://www.babypips.com/tools/position-sizecalculator

No necesitas calcular el tamaño de tu posición con cada cambio en el saldo de tus operaciones. Lo que sugiero es esto:

Digamos que estás dispuesto a arriesgar el 2% del saldo total de tu cuenta por operación. Por lo tanto, si tienes una cuenta de $10,000, corres el riesgo de $200 por transacción. **La clave no es reducir el riesgo durante una reducción**. Esto resultaría en un proceso mucho más largo de salir de las pérdidas. Por lo tanto, arriesgas el 2% de tu cuenta al principio del mes y solo el número cuando estableces una **nueva "marca de límite" para el saldo final de la cuenta**.

Como ejemplo, si la cuenta baja a $9,000, entonces mantendrías el riesgo igual. Sin embargo, si finaliza el mes con $11,000 en la cuenta, obtienes un beneficio de $1,000.

Después, establecerías tu riesgo del 2% basado en la nueva marca de límite.

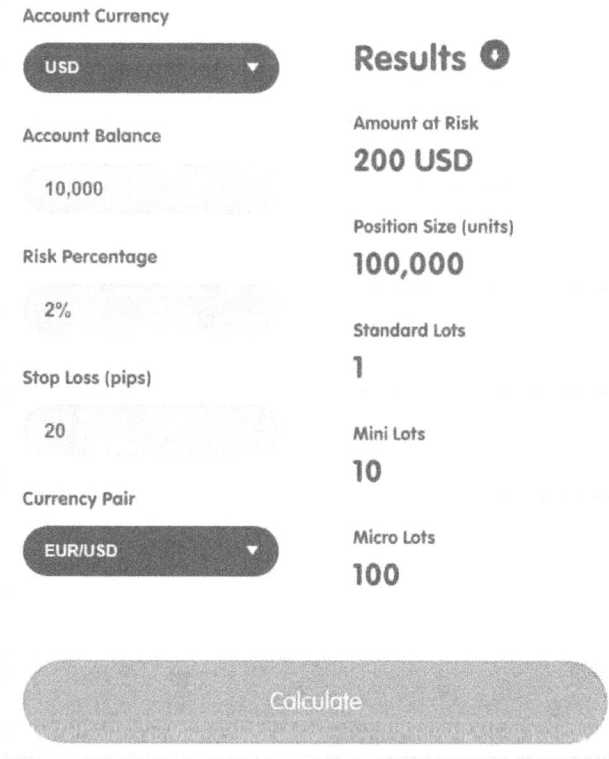

Correlación

A veces sucede que hay un nivel muy similar en dos (o más) pares de divisas fuertemente correlacionados u otros instrumentos de operaciones. **Si ves que el precio se aproxima a ambos niveles similares y que es probable que los alcance a ambos al mismo tiempo, es mejor bajar el volumen en las posiciones que vas a ingresar para disminuir tu exposición al riesgo.**

Si no bajas el volumen de tus posiciones, estás apostando demasiado en operaciones altamente correlacionadas. Estas operaciones probablemente terminarán de la misma manera (todas con ganancias o todas en una pérdida). De esta manera aumentas tu exposición al riesgo, lo cual es bastante peligroso.

A continuación, puedes ver un ejemplo de dos niveles de operaciones visualmente muy similares. Uno está en AUD / USD, el otro en EUR / USD. Hay una actividad de venta bastante fuerte y es evidente que está impulsada por el USD (el USD se está fortaleciendo y es por eso que ambos pares bajan). Ambos niveles largos son alcanzados casi al mismo tiempo. El USD se está volviendo cada vez más fuerte, los niveles largos no se respetan en absoluto y ambos terminan como operaciones perdedoras.

Si usaste tu volumen de operaciones estándar en ambos casos, entonces tendría dos pérdidas completas. Con medias posiciones, tus pérdidas solo se reducirían a la mitad.

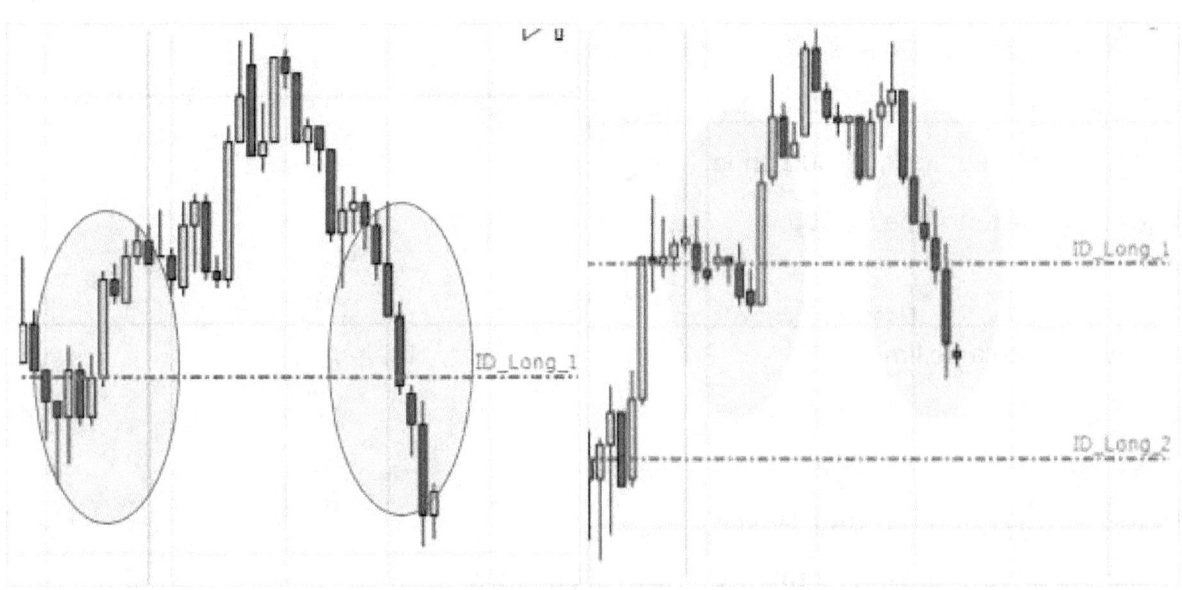

Psicología de las Operaciones

La psicología es una parte importante de las operaciones. Puedes tener un sistema de operaciones realmente bueno, pero cuando no puedes seguir un plan y atenerte a sus reglas, incluso un sistema ganador no funcionará para ti.

En este capítulo, te daré algunos consejos de psicología, pero al final, todo se trata de la experiencia. Necesitas aprenderlo tú mismo, probablemente necesitarás reprogramar tu cabeza un poco.

El primer paso para comenzar a aprender operaciones de psicología es abrir una cuenta real. La cuenta de demostración no es suficiente. El dinero tiene que ser real. Si el dinero es real, entonces tus emociones son reales. Incluso con pequeñas cantidades de dinero, experimentarás todas las emociones que acompañan a las operaciones. Experimentarás codicia, tentación, miedo, desesperación, fracaso, triunfo... estas

Son emociones que la cuenta demo nunca te dará. Lo mejor de esto es que incluso una pequeña cuenta de operaciones funcionará. Incluso una pequeña cuenta de operaciones con 0.01 lotes de operaciones es cien veces mejor que una cuenta de demostración.

Cuatro tipos de operaciones

Una de las cosas más difíciles en las operaciones es darse cuenta y soportar el hecho de que no puedes estar en lo cierto en el 100% de los casos. De hecho, si logras estar en el 60% a largo plazo, ¡entonces eres un verdadero profesional en este juego! Creo que la gente, en general, tiene problemas para aceptar que estaban equivocados. Desde la escuela, nos elogiaron cuando teníamos razón y nos castigaron cuando cometimos un error. Esa es una de las razones por las cuales las personas tienen problemas para admitir que se equivocaron en el análisis de sus operaciones y que tuvieron una operación perdida. Sin embargo, perder una operación no es necesariamente una mala operación. Te sugiero que veas esto desde una perspectiva diferente y reconozcas cuatro tipos de operaciones:

Buena operación ganadora

Una buena operación ganadora significa que realizaste tu análisis correctamente y también ejecutaste la operación sin fallas de acuerdo con tu plan de operaciones. Luego el intercambio se realizó de acuerdo con tu plan y terminaste como ganador. Este es el tipo de operación que a todos les gusta.

Mala operación ganadora

Las malas operaciones ganadoras son en mi opinión las peores. Este comercio se realiza generalmente sin análisis o con un análisis deficiente. Estas operaciones también se realizan basándose en un "sentimiento" o en una decisión tomada en el impulso del momento. También son malas las operaciones que ejecutaste mal, operaciones en las que no mantuviste tu plan.

Lo peor de tales operaciones es que te animan. Cuando realizas una operación basado únicamente en tu instinto y es una ganadora, se te alienta a realizar más operaciones de este tipo. Funcionó esta vez, por lo que también funcionará en el futuro, ¿verdad? ¡No, no lo hará! Lo que es más probable que suceda es que serás operado en función de tu intuición y que comenzarás a perder dinero. También es probable que empieces a realizar operaciones con posiciones más grandes (¡porque tu instinto debe estar en lo correcto esta vez!)... Sabes cómo termina esta triste historia, ¿verdad? Termina con una llamada de margen.

Recuerde: un comercio mal planeado o mal ejecutado es un mal negocio, no importa si terminas como ganador o como perdedor.

Una mala operación es también cada operación que no operas al 100% de acuerdo con tus reglas. Si, por ejemplo, doblas un poco las reglas en una operación y terminas ganando, entonces te sentirás alentado a doblar otra regla la próxima vez. En algún momento, doblarás la mayoría de tus reglas y te preguntarás por qué la estrategia ya no funciona. Obviamente, la razón es que doblaste tantas reglas que se convirtió en una nueva estrategia (que no has probado y para la que no tienes reglas estrictas).

Una buena operación perdedora es potencialmente peligrosa, especialmente para los operadores novatos. Yo llamo a este tipo de operación el "asesino de la esperanza". Tú tienes una estrategia buena y sólida, realizas un análisis exhaustivo, ejecutaste tu operación exactamente de acuerdo con tu plan de operaciones y luego la operación termina perdiendo. Hiciste lo mejor que pudiste y aún así, perdiste. Entonces, la conclusión lógica es que la estrategia no funciona, ¿verdad? No, la estrategia probablemente funciona bien, pero solo funciona, por ejemplo, en el 60% de los casos (lo que es una buena tasa de ganancias). Solo que quedaste en la parte del 40% restante en el que falla la estrategia. Incluso es posible que hagas todo bien de nuevo y, sin embargo, haya otra operación perdedora y luego otra. Esto todavía es estadísticamente posible. Lo más importante es mantener tus reglas, no cambiar nada, enfocarte en el análisis y ejecución sin errores. No solo en el resultado a corto plazo.

Escuché una cita realmente apropiada y útil, a la que trato de atenerme. Va así: **"Cuando quieres ganar un partido de tenis, necesitas ver la pelota. No el marcador"**.

Hace algún tiempo, cuando abrí una cuenta bastante grande de operaciones, empecé con una reducción. Tomé un perdedor tras otro perdedor. No estaba exactamente feliz con eso, pero tenía la experiencia suficiente para saber que esto es estadísticamente posible y no me asusté. Continué haciendo mi análisis a fondo y seguí mi plan de operaciones al 100%, sin importar que las primeras operaciones fueran todas perdedoras. Al final, resultó bien y mi cuenta creció constantemente.

Entonces, siempre recuerda: no importa qué tan buena sea tu estrategia, no importa cuán minucioso sea tu análisis y no importa cuán impecable sea tu ejecución, habrá operaciones perdidas. Necesitas aceptar eso y hacer las paces con ello.

Mala operación perdedora

La mala operación perdedora es una operación que se basó en un análisis escaso, ningún análisis o en una "corazonada".

Dicha operación también puede ser una operación mal ejecutada o una operación que tomaste sin ningún pensamiento real. Una buena cosa sobre este tipo de operación (desde el punto de vista educativo) es que obtienes una respuesta inmediata (Tope de Pérdida) por tu falta de disciplina.

Con suerte, serás lo suficientemente inteligente como para no repetir tu error nuevamente. No hay ninguna razón para que te enojes por hacer una operación así si eres nuevo en las operaciones. Piensa en ello como una cuota de beca.

Solo trata de aprender de tu error y no lo repitas.

Cómo no romper una regla nunca

Un dato interesante acerca de las operaciones de psicología es que todos saben cómo manejarlas teóricamente. Sin embargo, cuando se trata de operaciones reales, la mayoría de las personas descubren que no es tan fácil y que hay barreras en sus cabezas. Tales barreras les impiden ejecutar operaciones tan fácilmente como quisieran.

Uno de los problemas más comunes es que las personas abandonan sus operaciones antes de lo planeado originalmente. Por ejemplo, su Objetivo de beneficio es de 10 pips, pero cuando tienen un beneficio abierto de 8-9 pips, cierran su posición porque temen que el precio cambie. Entonces, en lugar de obtener el beneficio total de 10 pips, toman "al menos algo". Yo también era así, así que sé de lo que estoy hablando. No hay nada racional detrás de tal comportamiento. La gente tiene miedo. Las emociones más fuertes que enfrentan los operadores son el miedo y la codicia.

La solución a esto es usar un diario de operaciones y comenzar a hacer estadísticas simples de tus operaciones. Haces esto con el fin de recopilar algunos datos duros. **Anota cuál fue tu resultado real y en otra columna escribe cuál sería tu resultado si te atienes a las reglas. Después de un tiempo verás una gran diferencia entre los dos**. Las estadísticas y los datos duros que recopilaste te mostrarán algo que no podrás negar. Cuando estés tentado a romper o doblar tus reglas nuevamente, solo recuerda las estadísticas que hiciste. Sabrás que, estadísticamente hablando, romper una regla te hace daño y no volverás a hacerlo nunca más.

Ciclo de perdición y desesperación

Sé que el ciclo de perdición y desesperación suena tonto. Quería cambiar el nombre de este capítulo, pero decidí que no lo haría porque simplemente le queda.

Lo que yo llamo el Ciclo de perdición y desesperación es un fenómeno y una razón por la cual muchos operadores fracasan. El ciclo comienza cuando tú, como operador, desarrollas o aprendes una estrategia de operaciones relativamente buena. La operas pero antes de darle tiempo suficiente para dominarla, comienzas a modificarla y cambiar pequeños aspectos o empiezas a buscar otra estrategia, que crees que funcionaría mejor. Al final, estás atrapado en un círculo donde solo buscas nuevas estrategias, pero no pasas el tiempo suficiente para dominar ninguna de ellas. De esta manera siempre estás perdiendo dinero y siempre buscas algo diferente. Este es el ciclo de la perdición y la desesperación.

La única salida es dejar de buscar nuevas estrategias. Encuentra una en la que creas, una que tenga más sentido para ti y que te resulte más cómoda. Entonces dale suficiente tiempo. No seas impaciente. Hacer operaciones no es fácil. Si así fuera, todos lo estarían haciendo.

Una cosa puede ser un poco confusa, así que me gustaría dejarlo claro. Los operadores deben probar diferentes estilos de operaciones para ver qué se adapta mejor a ellos, qué se siente más natural y qué se sienten más cómodos haciendo. Sin embargo, no deben saltar de una estrategia a otra. Esto sería, por ejemplo, saltar entre diez estrategias intradía, ese sería el ciclo de perdición y desesperación que hace que los operadores fracasen.

Cómo manejar el ganar

¡Felicitaciones si después de todo el trabajo duro tu estrategia es exitosa y tu curva de capital sube! Si deseas seguir siendo rentable, debes seguir respetando los mercados y permanecer siendo una persona trabajadora y humilde.

Usualmente, la gente que comienza a ganar comienza a sentir que son invencibles, ellos comienzan a arriesgar mucho más dinero, entran en operaciones más riesgosas, no hacen su análisis de mercado y la preparación de operación propiamente como antes empiezan a romper sus reglas,

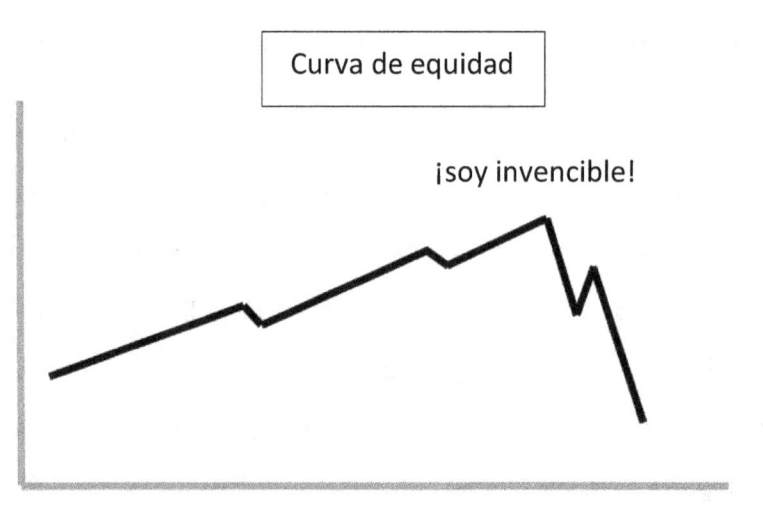

etc. y antes de que lo sepan, empiezan a perder dinero rápidamente y quedan de vuelta a donde comenzaron, o peor – se encuentran en una crisis enorme.

Las personas generalmente toman un descanso después de tal experiencia y después de algunas semanas o meses, comienzan de nuevo. Nuevamente, comienzan humildes y con mucho trabajo. Cuando comienzan a ser exitosos y rentables, repiten sus errores, se descuidan y comienzan a sentirse invencibles nuevamente. Entonces fallan. Este ciclo se repite hasta que la persona abandona las operaciones, a menudo culpando a los mercados o la estrategia por no ser consistentes.

El truco es permanecer humilde y trabajar duro todo el tiempo. Cuando tienes una racha ganadora o cuando tus operaciones van realmente bien, entonces debes estar más atento y ser más cuidadoso. Haz tu análisis correctamente, no operes de más y lo más importante, ¡no comiences operaciones con volúmenes demasiado grandes! Puedes aumentar tus volúmenes de operaciones un poco, pero necesitas hacerlo poco a poco. Cuando una racha de derrotas te golpea (esto sucederá tarde o temprano), debes permanecer en el juego y sobrevivir. No arruinar tu cuenta solo porque acabas de duplicar tus posiciones porque te sentiste invencible.

Cómo manejar el perder

Una cosa realmente importante y útil en las operaciones es tener estadísticas de tu estrategia. Si estás comenzando con una nueva estrategia, puedes usar estadísticas de tus pruebas retrospectivas y luego comenzar a agregar estadísticas de tus operaciones reales. Las estadísticas basadas en datos de tus operaciones reales son mucho más valiosas que las estadísticas basadas en pruebas retrospectivas.

Cómo lidiar con una reducción estándar

Cuando estás perdiendo, es mejor echar un vistazo a tus propios datos estadísticos y ver si tal situación ha ocurrido antes. Debes ver si esto sigue siendo "normal" o si realmente está sucediendo algo malo. Si solo estás en una reducción regular, ver las estadísticas te tranquilizará, porque verás que esto sigue siendo normal, que sucedió antes y que la estrategia probablemente funcionará bien otra vez. En este caso, te sugiero que continúes con tus operaciones como de costumbre e intentes no asustarte demasiado. Recuerda que todas las estrategias tienen sus altibajos. Es importante que no cambies tu estrategia ni la administración de tu dinero.

Cómo lidiar con una reducción excesiva

La reducción excesiva es cuando tu reducción actual es más grande que cualquier reducción que haya hecho tu estrategia. No recomiendo ninguna medida adicional hasta que tu reducción actual sea más del 30-50% de tu mayor reducción. Entonces, por ejemplo, si tu mayor reducción fue del 20%, entonces comienza a actuar cuando esté 26-30% abajo.

Cuando estás en una reducción tan grande, es natural que tengas miedo de tomar más operaciones. Sientes que tu estrategia ha dejado de funcionar y cuanto más operas, más duele. Cuando esto suceda, no te aconsejo que dejes de realizar operaciones. Probablemente te perderías una racha ganadora (la ley de Murphy funciona muy bien en las operaciones). En cambio, te recomiendo que continúes las operaciones, solo con posiciones más pequeñas (por ejemplo, medias posiciones). Con posiciones más pequeñas, no te paralizarás con el temor de perder otra operación y podrás pensar claramente otra vez. Recobrarás la fe en tu estrategia y poco a poco te sacarás de tus pérdidas. No será tan rápido como con las posiciones completas, pero estarás progresando. Puedes comenzar a usar nuevamente el tamaño de tu posición estándar cuando exceda al menos a la mitad de la reducción y cuando te sientas lo suficientemente seguro como para operar nuevamente con posiciones estándar.

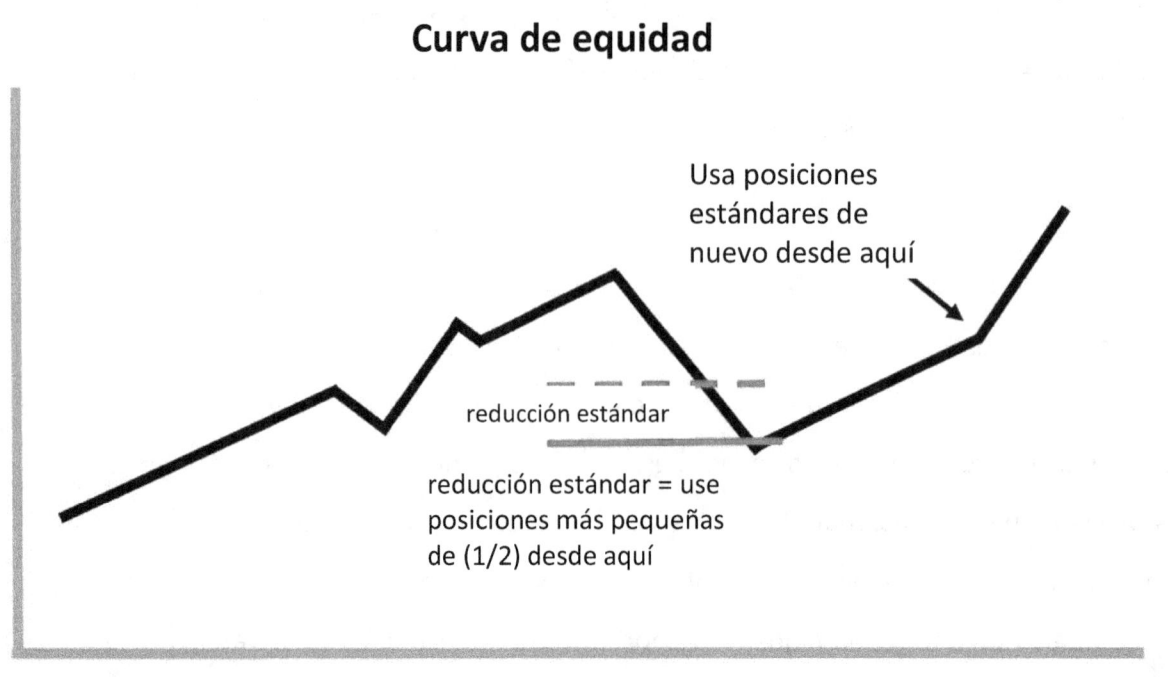

Curva de equidad

Usa posiciones estándares de nuevo desde aquí

reducción estándar

reducción estándar = use posiciones más pequeñas de (1/2) desde aquí

Cómo volver al camino correcto

A veces, lo que funcionaba antes parece no funcionar más. En lugar de saltar a otra estrategia, te sugiero que intentes encontrar lo que estabas haciendo de manera diferente cuando tus operaciones estaban bien y tu estrategia estaba funcionando.

Lo mejor que puedes hacer es tomar una captura de pantalla después de cada operación y agregar un breve comentario a la misma. Tomar tal captura de pantalla, literalmente, toma 1 minuto y puede salvar tu carrera de operaciones. Algunas personas solo realizan capturas de pantalla de sus malas operaciones, pero en lugar de centrarse solo en lo negativo, también deben ver lo que estaban haciendo bien y lo que funcionaba. Así que, cuando estés luchando, vuelve a tus capturas de pantalla y repásalas. Ve qué operaciones estabas tomando cuando todo funcionaba bien. Ahora solo necesitas operar de la misma manera que lo hiciste antes, cuando todo estaba bien. Esto te ayudará a volver a encaminarte. Es como cuando tu Windows se bloquea. Carga una copia de seguridad de la última configuración que funcionó. Deberías hacer lo mismo.

Otra cosa que puedes hacer es revisar tus estadísticas y ver qué operaciones de instrumentos funcionan mejor con tu estrategia. Si estamos hablando de divisas, generalmente es el EUR / USD el que supera a los otros pares. Por lo tanto, si tienes dificultades, te sugiero que comiences a operar solo el instrumento que funciona mejor para ti. No operes nada más hasta que recuperes una parte importante de tu capital perdido y hasta que te sientas lo suficientemente cómodo como para comenzar a operar nuevamente con los otros instrumentos de peor desempeño.

Lo último que me gustaría mencionar aquí es que no necesitas revisar tus estadísticas y capturas de pantalla solo cuando estás en problemas. De hecho, te sugiero que lo hagas regularmente. Especialmente, pasar por las capturas de pantalla es realmente útil, educativo y te ayudará a avanzar en tus operaciones sin importar lo bueno que seas. A veces, es realmente interesante ver qué operaciones estabas tomando uno o dos años atrás. Te darás cuenta del progreso que has hecho desde entonces y te hará sentir realmente bien y motivado.

Pruebas retroactivas y comenzando

Como ya he hablado sobre las estrategias, la administración del dinero, la administración de la posición y la psicología, creo que es hora de que te muestre cómo hacer una prueba de la estrategia que te gusta y cómo comenzar.

Esta es mi manera de hacer una prueba retroactiva de las nuevas ideas de operaciones e implementarlas en mis operaciones. Al principio, me gustaría decir que hay muchas maneras de abordar esto. Algunas personas hacen sus pruebas retroactivas muy a fondo y son muy analíticos en su enfoque. Les toma mucho tiempo antes de que implementen nuevas ideas en sus operaciones, pero cuando lo hacen, tienen estadísticas muy precisas y un montón de operaciones probadas. Algunas personas son exactamente lo contrario. Solo miran algunos ejemplos y comienzan a operar su nuevo método de inmediato. Nuevamente, no hay una única manera correcta de hacer esto y cada forma tiene sus pros y sus contras.

Naturalmente, estoy más inclinado a ser bastante minucioso en ms pruebas retroactivas. Desafortunadamente, hay algunas desventajas cuando eres demasiado cuidadoso. La desventaja más importante es que realizar una prueba retroactiva e implementar nuevas ideas lleva mucho tiempo. Cuanto más minucioso seas, más tiempo te llevará y mientras más tiempo te lleve menos operaciones podrás probar. Debido a esto, encontré un método bastante completo, pero también rápido y práctico. Consta de 5 fases.

Fase 1: Prueba retroactiva en bruto

Cuando tenga una nueva idea de operaciones, debes saber lo antes posible si vale la pena o no. No deseas pasar días de pruebas retrospectivas solo para descubrir que esta idea en particular no lleva a ninguna parte. Por esa razón, deseas que la primera evaluación preliminar sea lo más simple y rápida posible; por ejemplo, usa RRR = 1, ignora las noticias macro, no busques ninguna confirmación, no requieras más confluencias y descuida todo tipo de cosas que de otra manera influirían en tus operaciones. Deseas saber aproximadamente en 1 o 2 horas si esta idea merece una investigación adicional o si no lleva a ninguna parte y sería una pérdida de tiempo seguir investigándola. Si esta fase parece prometedora, puedes pasar a la fase 2. Si no, haz algunos cambios (cambios que te vengan a la mente al realizar la prueba retroactiva) e intenta nuevamente el prueba retroactiva. Si ves que esta idea no es nada buena, simplemente déjala ir.

Fase 2: Prueba retroactiva exhaustiva

Ahora tienes una prueba retroactiva muy en bruto que dice que no será una pérdida total de tiempo hacer un análisis exhaustivo y una prueba retrospectiva. En esta fase, deseas ser mucho más preciso y tener en cuenta todo tipo de reglas, confluencias y excepciones que se producen en tus operaciones. También deseas hacer una prueba retroactiva de esta idea en más operaciones y en más mercados diferentes, posiblemente con más configuraciones diferentes.

Esta fase se trata de tus preferencias y de la cantidad de detalles (y tiempo) que deseas hacer. Sin embargo, debes darte cuenta de que solo es una prueba retroactiva. Nunca será como una operación real, no importa cuánto intentes y cuánto tiempo te lleve. Incluso una prueba retroactiva exhaustiva no te mostrará con seguridad si tu nuevo método será rentable o no.

Necesitas aceptar esto. Tuve varios sistemas que tenían más del 70% ganando en una prueba retroactiva completa y luego fallaron cuando los cambié en mi cuenta real. Puedes decir que no tiene sentido pero es la verdad. Estoy seguro de que tienes tu propia experiencia similar.

Si tu nueva estrategia parece rentable después de una prueba retroactiva completa, puedes pasar a la Fase 3. Si no, te sugiero que pienses en tu estrategia y realices algunos cambios. ¡No la deseches! Pasó por una prueba retroactiva en bruto, todavía hay esperanza de que podría funcionar si haces algunos ajustes. Después de realizar estos ajustes, repite la prueba retroactiva completa nuevamente con estos ajustes. Si vuelve a fallar, dale algunos intentos más. Sólo después de eso, te sugiero que dejes esta estrategia. También te sugiero que mantengas tus antiguas pruebas, incluso las que no fueron bien. Puedes tener una gran idea sobre cómo actualizarlas / ajustarlas en el futuro.

Fase 3: Micro operaciones

Apuesto a que la fase 3 sería para mucha gente, operaciones de demostración. Las operaciones de demostración y una cuenta real son dos cosas muy diferentes. ¡No pierdas tu tiempo en operaciones de demostración! Te sugiero que busques a un intermediario que te permita operar posiciones muy pequeñas (mini, micro lotes) con buenos márgenes/comisiones. Después te sugiero que operes tu nueva estrategia con volúmenes muy pequeños durante algún tiempo.

Mi consejo para ti es: no hagas esto con un tamaño demasiado pequeño. La razón es que si lo haces, probablemente no te importará en absoluto tus posiciones. Necesitas sentir poco entusiasmo para que la psicología funcione. Puedes utilizar, por ejemplo, un 10-20% de tu tamaño de posición "normal". Entonces, si normalmente operas con 1 lote, entonces usa 0.1 - 0.2 lotes.

Esta fase es bastante crucial porque, por primera vez, operas a tu nueva estrategia con dinero real. La pregunta es: ¿cuándo seguir adelante con la fase 4? Mi consejo es que te tomes tu tiempo porque **deseas probar tu estrategia en todo tipo de condiciones y situaciones de mercado**. Quieres experimentar buenos periodos de operaciones y también series de pérdidas. No descartes la estrategia si las primeras 510 operaciones fueron pérdidas y no pases a la fase 4 inmediatamente después de comenzar e inmediatamente tener una serie ganadora de 10 operaciones consecutivas. Tómate tu tiempo y ve cómo funciona la estrategia. Si ves que falla (a largo plazo), te sugiero que realices algunos ajustes y regreses a la fase 2.

Si resulta rentable a largo plazo, ve a la fase 4.

Fase 4: Medias posiciones

En esta fase, ya sabes que tienes una buena estrategia rentable. No realices cambios y solo concéntrate en la buena ejecución de tus operaciones. Operando con aproximadamente el 50% de tu volumen "normal". La razón es que la estrategia sigue siendo nueva y ahora es la primera vez que la operas con volúmenes adecuados. Los factores psicológicos son mucho más fuertes y también es necesario practicar una buena ejecución de la operación. Todavía puede haber algunos pequeños errores cometidos (debido a factores psicológicos o mala ejecución de las operaciones). Antes de pasar a la Fase 5 debes eliminarlos.

En esta fase, debes mantener un seguimiento detallado de los resultados. Quieres que sean comparables a los resultados de la Fase 3.

Pasa a la fase 5 solo después de que se cumplan estas 3 condiciones:

1. Operaste usando esta estrategia el tiempo suficiente y con resultados similares a los de la fase 3.

2. La operaste sin fallas (eliminaste los factores psicológicos que arruinaron las operaciones y no cometes los errores más pequeños en la ejecución de la operación).

3. Ganaste suficiente dinero con ello como para poder soportar psicológicamente una serie de pérdidas con volúmenes de operaciones completos.

Fase 5: Posiciones completas

¡Ahora el entrenamiento ha terminado y es hora de luchar! La fase 5 ya no es una fase de "prueba". Aquí usas el tamaño de mi posición normal de operaciones. Ocurre con bastante frecuencia que cuando comienza esta fase, al principio tienes pocas pérdidas (ducha fría). Sin embargo, debes estar preparado para ello y, si sucede, debes continuar las operaciones con tamaños de posición completos. Yo lo llamo una prueba de fuego. Mi experiencia es que solo si superas esto, estás realmente listo para tu primera serie real de pérdidas (con tamaños de posición completos). Soportar una serie de pérdidas es una de las partes más difíciles de todo este proceso. Debes recordarte a ti mismo: tu estrategia logró las fases 1-4, tu estrategia es buena y, si tuviste pocas pérdidas, es probable que la estrategia esté teniendo un mal momento. Cada estrategia lo tiene de vez en cuando. Solo si tu estrategia se está perdiendo en el largo plazo, deberías volver a la fase 4 y, si eso no ayuda, pasa a la fase 2 o 3. No la vuelques, solo haz algunos ajustes y hazla rentable de nuevo.

Para resumir estas cinco fases:

• No pierdas demasiado tiempo y haz solo una **prueba retroactiva en brusco y rápida** al principio.
• Realiza una **prueba retroactiva completa** solo después de ver que tu nueva idea parece prometedora.
• Después de haber realizado tu prueba retroactiva, ve directamente a operar tu idea en una **cuenta real**.
• **Aumenta el tamaño de tu posición** en tres pasos.

Diario de Operaciones

Necesitas un diario de operaciones para mantener un buen seguimiento de tus operaciones, tener estadísticas sólidas y ayudarte en los momentos difíciles o para mejorar la estrategia. Ten un diario que te convenga. Si eres un tipo analítico y recopilar y analizar grandes cantidades de todo tipo de datos te ayuda a mejorar tus operaciones: ¡adelante y hazlo complejo! Si no te gusta trabajar con muchos datos y prefieres mantenerlo simple, no hay problema. Solo asegúrate de anotar todos los elementos esenciales que necesitas para revisar tus operaciones pasadas lo suficientemente bien como para que puedas aprender y mejorar. Tu diario debe contener al menos: fecha, instrumento (símbolo), valor de nivel, ganancias / pérdidas y notas sobre la operación. Creo que es importante anotar cualquier error que hayas cometido (rompiendo las reglas,...) y también lo que hiciste bien en la sección de notas. Extremadamente útil es también tomar capturas de pantalla de tus operaciones y revisarlas más tarde. Recuerda: cuanta más información detallada recopiles, más fácil será para ti hacer pruebas retroactivas, optimizar, probar nuevas ideas o encontrar cualquier problema que deba solucionarse.   Tu diario de operaciones puede verse como este:

Operaciones intradía						
Operación No.	Fecha	Símbolo	Nivel	Largo/corto	Ganancia/Pérdida(pips)	Comentario
1	16.5.2018	usdjpy	110.08	long	10	
2	16.5.2018	audusd	0.7516	short	10	
3	18.5.2018	eurusd	1.1783	short	10	nivel de una actualización rápida
4	21.5.2018	usdcad	1.2859	long	10	reversión por una operación golpeada en macro
5	21.5.2018	usdjpy	111.01	long	10	
6	22.5.2018	eurusd	1.1810	short	-12	nivel golpeado por un movimiento de pico
7	22.5.2018	eurusd	1.1810	long	10	reversa (de la operación anterior)
8	22.5.2018	usdcad	1.2812	short	10	

Los 10 más comunes errores de operaciones que debes evitar

Hay ciertos errores que muchos operadores tienden a cometer. Voy a anotar los 10 más comunes para que puedas evitarlos. Solo al evitar estos errores, te convertirás en un comerciante mucho mejor que la mayoría de los comerciantes minoristas.

#1 Usando indicadores

Lo dije al principio de este libro: los indicadores son bastante inútiles. A las grandes instituciones no les importan. Además, los indicadores estándar funcionan solo con "precio" y "tiempo". Por esa razón los indicadores de información que proporcionan siempre se retrasan.

Los operadores novatos deben aceptar el hecho de que no hay una combinación mágica de indicadores que hagan que el sistema de operaciones sea bueno y rentable.

#2 Martingala

Martingala es un sistema de administración de dinero muy arriesgado, que tiene sus raíces en los casinos. La estrategia de Martingala más común es duplicar tu apuesta cada vez que tomas una pérdida. Así, por ejemplo, en la ruleta, siempre se apuesta en rojo. Cuando pierdes, doblas tu apuesta en el próximo juego. Si tu apuesta inicial es de $ 10 y pierdes,

Apuesta #	Tamaño de apuesta	Pérdida total
1	$10	$10
2	$20	$30
3	$40	$70
4	$80	$150
5	$160	$310
6	$320	$630
7	$640	$1270
8	$1.280	$2.550
9	$2.560	$5.110
10	$5.120	$10.230

entonces la próxima apuesta es de $ 20. Si vuelves a perder, tu próxima apuesta es de $ 40. Pierde de nuevo y apuesta $ 80. Digamos que ganas la cuarta apuesta esta vez, por lo que has ganado $ 10 netos (- $ 10 - $ 20 - $ 40 + $ 80 = $ 10).

No importa lo malo que seas, y no importa que no tengas ventaja, probablemente ganarás por un tiempo. Sin embargo, tarde o temprano tendrás una racha perdedora y perderás todo. Puede parecer una posibilidad muy pequeña de que tomes, por ejemplo, diez perdedores seguidos, pero el problema es que tarde o temprano sucederá. Y cuando lo hagas, ya habrás destruido tu cuenta.

Incluso en los casinos, sucede de vez en cuando, ese color en la ruleta aparece 20 veces seguidas. Si tu apuesta inicial fue solo de $ 10, en la ronda 20 necesitarías $ 5,242,880 para otra apuesta y perderías $ 10,485,750. ¡Si eres curioso, el récord mundial es un color 32 veces seguidas!

Por lo general, podrás saber a primera vista si alguien está usando martingala. A continuación se muestra un ejemplo de cómo se ve una curva de equidad típica de una estrategia de martingala:

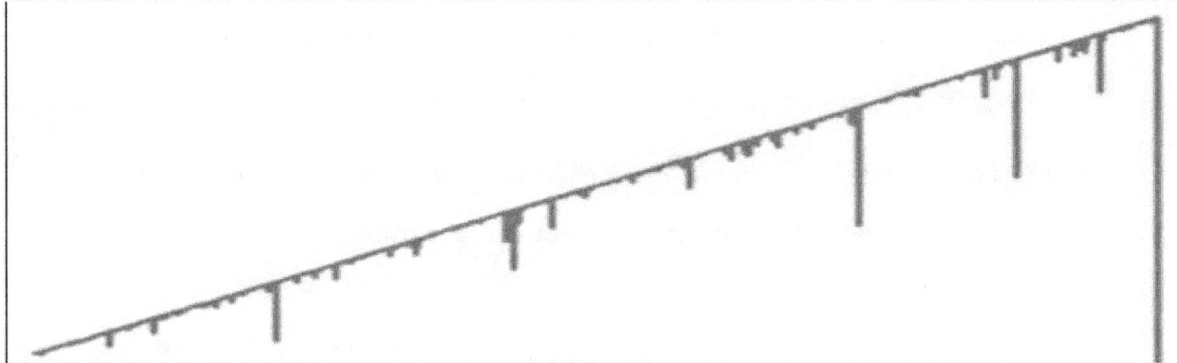

Hay numerosas variaciones de martingala. Las personas, por ejemplo, no cierran sus pérdidas, por lo que el patrimonio (que se basa en operaciones cerradas) no tiene las caídas, a excepción de la última caída que destruye su cuenta. **Todas las variaciones de martingala tienen una cosa en común: todas fallarán tarde o temprano**. No hay forma de que la estrategia de martingala funcione a largo plazo.

#3 Poner demasiada fe en una operación

No importa cuán minucioso sea tu análisis y no importa qué tan buena sea tu idea de operaciones o nivel de operaciones, las operaciones son siempre un juego de probabilidad. Incluso las mejores ideas y las operaciones más atractivas no siempre terminan en una ganancia. De hecho, en mi experiencia, los que mejor se ven no suelen resultar según lo planeado. Por esta razón, no creas y **no arriesgues demasiado en una sola operación, sin importar cuán atractiva te parezca**. Puede parecer la operación perfecta, pero todavía puede sorprenderte y fallar como en cualquier otro nivel. Incluso los mejores niveles pueden tener, por ejemplo, un 70% de probabilidad de ganar. El 70% es realmente bueno, pero aun así, no querrás arriesgar demasiado dinero en ello.

#4 Usar posiciones demasiado grandes

Cuando estás usando posiciones demasiado grandes y todo va bien, entonces tienes ganancias excesivas y se siente muy bien. Sin embargo, cuando las cosas se ponen mal y tomas pocas pérdidas, las grandes posiciones te volverán loco. Puedo garantizarte que si utilizas, por ejemplo, un riesgo del 10% por operación y tienes 5 pérdidas seguidas, ya no podrás pensar con claridad. Probablemente doblarás las reglas de tu estrategia y terminarás en un lío más grande del que ya estabas.

Mi consejo es **usar tamaños de posición con los que te sientas cómodo incluso después de haber perdido una racha**. Si no te sientes mentalmente bien y estable cuando pierdes, necesitas bajar el volumen de tus posiciones.

#5 Nunca poder admitir que estabas equivocado

Cada comerciante conoce la sensación cuando el precio supera su nivel de S/R y, de repente, aparecen cada vez más en números rojos. Ayuda tener un TOPE DE PÉRDIDA predeterminado y simplemente tomarlo automáticamente. Sin embargo, hay comerciantes que no tienen TOPE DE PÉRDIDA predeterminados y se sientan, miran y esperan. No pueden admitir que su nivel superior no se respeta. Entonces, se sientan y esperan que suceda un milagro. Operaciones como esa rara vez terminan con el milagro. En la mayoría de los casos, tales operaciones terminan en un desastre.

#6 No usar Tope de Pérdida

No tener un TOPE DE PÉRDIDA significa que no puedes controlar el riesgo de tus operaciones. El control de riesgos es esencial en la gestión del dinero y en las operaciones rentables. No tener un TOPE DE PÉRDIDA significa que con cada operación que realizas, puedes perder tu cuenta. Esto ni siquiera se puede considerar una operación seria. Sin embargo, algunas personas todavía lo hacen. En serio, no usar TOPE DE PÉRDIDA es probablemente lo más tonto que puedes hacer en las operaciones.

Algunas personas dicen que tienen un "Límite de pérdida mental", lo que significa que cuando el precio alcanza un cierto nivel, cerrarán su posición manualmente. La mayoría de esas personas no podrán admitir que se equivocaron y no cerrarán la operación cuando llegue el momento. O, tarde o temprano, se sorprenderán con un movimiento inesperado de picos contra su posición. El peor de los casos que puede suceder es una intervención bancaria totalmente inesperada, un desastre natural o un movimiento político importante que dejará tu cuenta en cero en pocos segundos, incluso antes de que te des cuenta de que algo está sucediendo.

#7 Entrando en una posición sin un plan

Cuando abres una posición solo por tu instinto o si la abres en el momento, estás entrando en una posición sin un plan. Cada operación debe ser cuidadosamente planeada. Necesitas saber dónde estarán tus OBJETIVO DE BENEFICIO y TOPE DE PÉRDIDA, debes tener una administración de posición estricta y también debes atenerte a tu administración de dinero. Benjamin Franklin dijo una vez: "Al no prepararse, te estás preparando para fallar." Muy apropiado, ¿no crees?

Los operadores novatos a menudo ingresan a sus posiciones sin un plan cuando hay un movimiento rápido de precios. Esto ocurre a menudo después de la macro noticia. Esos comerciantes ven que el precio se está moviendo en una dirección rápidamente y sienten la necesidad de ganar algo de dinero fácil y rápido.

El movimiento rápido. Lo que suele suceder es que el precio cambia y toman un TOPE DE PÉRDIDA o están atrapados en una operación en la que no tienen idea de qué hacer.

#8 Seguir las ideas de otras personas ciegamente

Es una buena decisión aprender de alguien más experimentado, dejar que te guíen y te enseñen. En realidad, es probablemente la mejor manera de aprender a operar. Sin embargo, hay innumerables personas sin experiencia que publican sus estúpidas ideas de operaciones en Internet todos los días. Probablemente los más peligrosos son los analistas intermediarios que publican sus ideas de operaciones en correos electrónicos diarios o semanales o en los sitios web de sus intermediarios. ¿Por qué son los más peligrosos? Porque la gente tiende a creerle a esos tipos. Tienen todas las cosas de lujo como una gran empresa de intermediación, correos electrónicos de lujo, fotos de aspecto profesional y análisis de mercado de aspecto profesional. Desafortunadamente, su único trabajo es hacerte operar más. Nada más. Son empleados y cuanto más operen, más dinero ganará su empresa. Su salario no se basa en cuánto ganas. Se basa en cuánto gana el intermediario.

Si decides seguir la idea de operaciones de alguien, entonces asegúrate de entender la idea, la lógica y el concepto detrás de ella y que también hiciste tu análisis y crees en esa idea. Además, asegúrate de conocer todos los aspectos que necesitas saber antes de ingresar a la operación. Debes conocer tu OBJETIVO DE BENEFICIO y TOPE DE PÉRDIDA, y también necesita saber cómo administrará tu posición antes de ingresar a la operación.

#9 Saltar de estrategia en estrategia

Ya lo mencioné antes: saltar de una estrategia a otra sin darte la oportunidad, el tiempo y la paciencia no te llevarán a una estrategia mágica. Sólo te llevará a pérdidas y frustración.

Debes poner mucho trabajo y paciencia en cualquier estrategia antes de entenderla y antes de comenzar con éxito las operaciones. No hay ninguna fórmula mágica, que lleve a ganancias rápidas. Como en todo lo demás en la vida, dominar una estrategia requiere tiempo, paciencia y trabajo duro.

#10 Mantenerse con un mal intermediario

Muchos operadores se apegan a su antiguo intermediario solo porque están acostumbrados a las operaciones con ellos y porque son demasiado perezosos para crear una nueva cuenta y transferir su dinero a otra parte.

Tampoco se dan cuenta de la gran diferencia que puede tener un intermediario en los resultados de sus operaciones. Piensan que la mitad de un pip de vez en cuando no es tan importante, o que un pequeño deslizamiento de pip también de vez en cuando también está bien. De hecho, hace una gran diferencia y un poco de deslizamiento pip no está bien. Sucedieron tantas veces que, debido a mis estrechos diferenciales, pude obtener una ganancia donde otros tomaron un Tope de Pérdida. Esto sucede más a menudo de lo que crees y hace una gran diferencia en los resultados de tus operaciones.

¡Pasar de un intermediario malo a un intermediario bueno puede ser una cuestión de convertir la pérdida constante en una ganancia constante! Realmente no puedo enfatizar eso lo suficiente. Tener un buen intermediario es una de las cosas más importantes en tus operaciones.

Si operas operaciones intradía con un intermediario que tiene una propagación de 2-3 pip en los pares principales, no creo que pueda ser rentable, no con un intermediario de este tipo.

Entonces, si quieres que te ayude a encontrar un intermediario sólido, envíame un correo electrónico a: contact@trader-dale.com o ve a mi sitio web https://www.trader-dale.com donde encontraras una casilla con intermediarios con los que personalmente manejo y que recomiendo.

BONO: Cómo gestiono mis operaciones intradía

Ahora voy a desglosar **exactamente cómo opero y ejecuto mis niveles** de operaciones para que puedas comenzar a poner las reglas en uso en tus operaciones. Algunas de las reglas requieren un poco de práctica, pero los detalles a continuación te orientarán en la dirección correcta.

Cómo entro en mis operaciones

Hace algún tiempo solía entrar solo con órdenes de mercado. Cuando el precio se acercó a mi nivel, cambié al gráfico de un minuto y observé la dinámica y el comportamiento del mercado. Mi objetivo era obtener una entrada ligeramente mejor que con una entrada de límite simple. Ahora utilizo tanto las órdenes de mercado como las de límite porque las órdenes de límite son mucho más convenientes que las órdenes de mercado para ciertas situaciones.

Actualmente, mi relación entre el uso de órdenes de mercado y límite es de alrededor de 50/50.

Situaciones en las que prefiero orden de MERCADO son:

- **Entrar en una posición contra un movimiento de mercado fuerte.** La razón de esto es que puedes abortar rápidamente la operación si te mueves demasiado rápido hacia el nivel y activa las reglas en el curso para evitar picos rápidos en un nivel. Si hay noticias fuertes que causan el aumento, no entro en la posición. Si el pico no es impulsado por las noticias, lo introduciré. La forma más rápida de ver si el pico es impulsado por las noticias o no es a través de un servicio como Forex Squawk. Una versión ligeramente retrasada es ForexFactory. Los picos rápidos pueden permitirle ingresar por un precio ligeramente mejor si se disparan un poco más allá del nivel de operaciones. Proporcioné un ejemplo de esto a continuación (gráfico de 1 minuto). En este caso particular, pude ingresar en una entrada 6 pips mejor que el nivel original.

- **El precio gira cerca del nivel creando máximos / mínimos débiles**. Después de tal rotación (que veo en el gráfico de 1 minuto) es probable que haya un pequeño movimiento de pico seguido de un rápido rechazo (si el nivel funciona). La idea es entrar durante el pico real para lograr una mejor entrada. Aquí hay un ejemplo de una operación que tomé usando este método:

eur/usd M1 chart

logré entrar en -2, 3 pips a mejor precio

nivel de corto original

Acumulación de volúmenes - hay alta probabilidad de un movimiento rápido,
si sucede habrá una mejor oportunidad de tener una mejor entrada

Acumulación de volúmenes que empezó fuerte actividad de compra = fuerte soporte allí (1.0548) = mejor salir de tu posición aquí (+ 9, 2 pips de ganancia)

Dónde colocar tu Tope de Pérdida y Objetivo de Beneficio

Mi **Objetivo de Beneficio es 10 pips**, y mi **Tope de Pérdida es 12 pips**. Utilizo esta configuración para los cuatro pares principales que opero intradía (EUR / USD, AUD / USD, USD / CAD, USDJPY). Las razones de esta configuración son:

1. Me gusta estar **fuera de mis operaciones rápidamente** porque cuanto más tiempo tengas abierta la operación, mayor será el riesgo de que ocurra algo inesperado. Podría ser un cambio en la confianza del mercado o algún otro evento que mueva el mercado como noticias inesperadas (o esperadas).

2. Otra razón es que incluso si mi nivel de operaciones está en contra de un **fuerte movimiento en contra** de la tendencia, es mucho más probable que ocurra una corrección de 10 pips que una reacción de 20 pips (que básicamente sería el final de esa tendencia a corto plazo). El largo de hoy en el USD / JPY muestra perfectamente que:

154

Imagen: Gráfico de 1 minuto

Retroceso pequeño dentro de la tendencia a la baja, aunque suficientemente grande para llevarme mis -10 pips.

Tendencia a la baja

3. Una reacción de 10 pips es, según mi experiencia, una **reacción adecuada** a los niveles intradía que he creado y opero. A veces hay una reacción mucho más grande, pero las reacciones de 10 pips ocurren muy a menudo. Este Radio de Recompensa al Riesgo me permite mantener una tasa de strike del 70% como promedio a largo plazo.

4. Prefiero tener un **Radio de Recompensa de Riesgo cercano a 1: 1**. Tener un pequeño Radio de Recompensa de Riesgo (los perdedores son mucho más grandes que los ganadores) significaría pérdidas devastadoras de las que es difícil regresar. Por otro lado, tener un Índice de Recompensa al Riesgo muy grande (los ganadores son mucho más grandes que los perdedores) significa tener una tasa de strike reducida. Además, existe el riesgo de que tomes todas las operaciones de pérdida y pierdas por error al único ganador que las cubriría a todas. Esta es la ley de Murphy, y funciona en operaciones más que en cualquier otro lugar :).

Algunos de los miembros de mi curso de operaciones hicieron su propia investigación y crearon un entorno TOPE DE PÉRDIDA / OBJETIVO DE BENEFICIO bastante diferente. Por ejemplo, la investigación de Ziggy muestra que la mejor ubicación de Tope de Pérdida y Objetivo de Beneficio se lograría alrededor de la marca 20/20. Solo puedo decir que esto es principalmente sobre preferencias. 10/12 funciona para mí y estoy feliz de operar de esa manera. Otras personas pueden preferir algo cercano al método 20/20. En mi opinión, es mucho más acerca de TU aplicación consistente de tu conjunto de reglas de administración de operaciones, que del tamaño específico de Límite y Beneficio objetivo en sí.

Arrastrando tu Tope de Pérdida

La forma en que protejo las posiciones rentables es bastante sencilla y directa, ya que creo que esta es la clave para poder repetir las reglas de tu plan de operaciones de manera consistente. Aseguro mi posición moviendo mi **Tope de Pérdida al punto de reacción cuando tengo aproximadamente 7 - 8 pips de ganancia**. Este es el estilo de "gestión de operaciones neutral" que mencioné anteriormente en el libro.

También adapto asegurando mi posición al comportamiento actual del mercado. Es un poco detallado, pero quiero darles una descripción completa de cómo hago las cosas, así que aquí está:

Si opero una **tendencia fuerte en contra,** soy mucho más cuidadoso y aseguro mi posición de una manera más conservadora. En términos generales, aseguro mi posición cuando tengo 7 pips en ganancia abierta. La razón es que es bastante peligroso ir en contra de la tendencia y, en tales casos, generalmente vale la pena ser muy cuidadoso y asegurar tu posición pronto.

Si opero **en una dirección de una tendencia**, puedo ser más agresivo con el movimiento de mi TOPE DE PÉRDIDA. En este caso, normalmente muevo mi TOPE DE PÉRDIDA cuando mi ganancia abierta es de alrededor de **+7.5 a +8 pips.**

Cuando **no hay una tendencia aparente**, usualmente aseguro mi posición cuando es de **+7.5 pips** en ganancia abierta.

Si hay una **reacción realmente aguda y precisa**, por ejemplo, una reacción de 5 pips exactamente a mi nivel en los primeros 1-2 minutos, generalmente aseguro mi posición antes (cuando **+7 pips** en ganancia abierta). La razón es que esta reacción aguda me muestra que esta es la reacción que estaba esperando y los compradores/vendedores agresivos que quería ver realmente están ahí y ahora se han hecho evidentes. Si el precio volviera al punto de reacción de este fuerte rechazo, significaría que el movimiento contrario es demasiado fuerte y que mi posición probablemente no terminará en una ganancia. Es por eso que aseguro mi posición de esta manera. En términos generales, si se rompe un punto de reacción fuerte, el movimiento contrario es demasiado fuerte y es mejor que abandone la operación. Echa un vistazo a **esta** ilustración de reacción fuerte en 1.2715 nivel corto:

gráfica de 1 minuto

nivel del corto

Reacción precisa y agresiva a un nivel corto. Punto de reacción (1.2715) no debería ser atravesado.

Niveles Probados

Cuando no hay una tendencia aparente, usualmente aseguro mi posición cuando es de +7.5 pips en ganancia abierta.

Si el precio se acerca a un nivel y reacciona con fuerza, considero que el nivel ya está "probado" y lo descarto. Al igual que muchos aspectos de las operaciones que no pueden ser 100% mecánicos, determinar si un nivel se prueba o no llevará tiempo y práctica. Aquí es donde contar con la ayuda del foro de miembros también es un gran beneficio, ya que puedes revisar las operaciones como grupo. Sin embargo, por el bien de este capítulo, veamos algunos puntos clave para determinar si un nivel ya está probado o no.

1. **¿Qué tan lejos se desvió el precio del nivel y qué tan grande fue la reacción?:** Por lo general, si el precio llega a 0-3 pips cerca del nivel y produce una reacción de 8 o más pips, lo descarto. Sin embargo, hay ocasiones en las que el nivel desde el que miro la operación es bastante importante, pero me hacen una prueba del nivel que está justo en el límite de no ser válido. Sin embargo, si el nivel es sustancial, es probable que lo use todavía. Aquí es donde ver los comentarios a nivel diario todos los días (en la

sección de mi curso de operaciones) es muy beneficioso, ya que puedes obtener un desglose cada vez que se produce una situación como esta.

2. **Cómo se ve el nivel:** Si el área de soporte / resistencia es una zona más amplia donde el nivel exacto no es tan fácil de identificar, generalmente es más seguro no volver a tomar ese nivel si se probó previamente. Por ejemplo, si el precio se volvió 4 pips antes de llegar a su nivel en medio de una zona de soporte / resistencia más amplia, es mejor descartar el nivel porque el precio ya probó la zona. Si la zona no es demasiado ancha y puedes identificar el nivel exacto de soporte / resistencia, entonces puedes ser más agresivo y seguir realizando operaciones que no llegaron al nivel. Para ver si la zona de soporte / resistencia es amplia o estrecha, verifica el Perfil de volumen de esta área. Si la acumulación de volúmenes es estrecha/apretada, la zona de soporte / resistencia también es estrecha. Si el área de volumen es amplia, entonces el soporte / resistencia también será amplio. Mira la captura de pantalla de una operación que tomé en el EUR / USD. Hubo una "prueba" mediocre cuando el precio se acercó al nivel y luego produjo una reacción fuerte y significativa. Sin embargo, la zona de resistencia era bastante estrecha y los volúmenes que consideré fuertes no se probaron. Por esa razón, decidí no descartar ese nivel y tomé la operación:

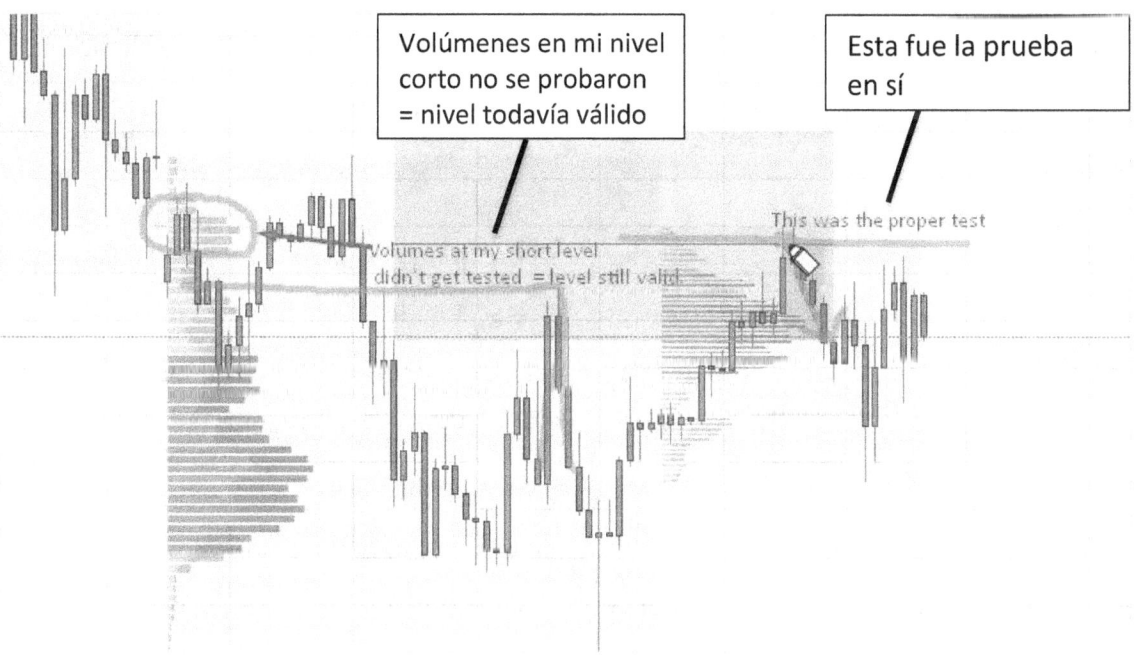

3. **La fortaleza de la reacción:** Si el precio gira antes del nivel lentamente y sin energía o volatilidad, entonces estoy más inclinado a considerar que el nivel es válido. Si hay una reacción aguda y rápida, tengo más cuidado de realizar la operación en una prueba futura.

4. **Tendencia/contratendencia:** Soy más agresivo y benévolo cuando realizo retiros en la dirección de una tendencia que cuando tengo un nivel anterior que va en contra de una tendencia actual. En otras palabras, si tengo un nivel corto en una tendencia bajista es más probable que lo opere, incluso si se probó 3 pips antes e hizo un rechazo de 8 pips. Por otro lado, si la reacción fuera por una operación en contra de la tendencia, lo más probable es que descartara este nivel debido al mayor riesgo.

5. **Tu propia discreción:** Te guste o no, a veces necesitas tomar una decisión basada en lo que crees que sucederá. Tener muchas reglas duras es definitivamente algo bueno, pero en algunos casos, no puedes confiar únicamente en ellas. Es por esto que las operaciones son una habilidad extremadamente difícil de dominar, ya que todas las estrategias de operaciones rentables requerirán cierto nivel de discreción.

Debo agregar que solo uso este enfoque probado / no probado cuando estoy en la computadora, que para mí es durante la sesión de operaciones en Europa y Estados Unidos. No lo uso para la sesión asiática. Durante la sesión asiática, prefiero usar órdenes limitadas simples ya que el mercado suele ser mucho más tranquilo y no hay tantos eventos macroeconómicos.

Como punto final sobre este tema, mis niveles de operaciones funcionan incluso si eliminas los criterios probados / no probados del proceso de selección de niveles. Especialmente para aquellos que todavía están en el proceso de aprender a operar, es menos estresante y requiere menos tiempo. Si eres nuevo en las operaciones, te recomendaría que utilices órdenes limitadas simples en todas tus operaciones y solo consideres si un nivel se prueba o no DESPUÉS de que te vaya bien con las órdenes límite de operaciones en todos los niveles válidos. Aprender a operar con éxito es mucho más acerca de TU aplicación consistente del conjunto de reglas, en lugar de algunos pequeños ajustes al propio conjunto de reglas.

¿Por cuánto tiempo deberías mantener una posición?

Si no hay noticias macro próximas, mantengo mi posición hasta que obtenga una ganancia completa o una pérdida. No importa si toma horas, solo espero en la gran mayoría de los casos. Hay dos casos particulares que necesitan aclaración sin embargo:

1.) **Cierre del día:** Antes de que comience la sesión asiática, el mercado de futuros se cierra y el mercado spot de Forex tiene diferenciales muy amplios. Debido a los diferenciales, realmente no me gusta mantener abiertas ninguna posición intradía a través de la transferencia a las 5:00 pm hora del este (también hay un intercambio). Entonces, si estoy cerca de un Objetivo de Beneficios o Tope de Pérdida, renuncio a mi posición antes de que se amplíen los diferenciales. Sin embargo, si mi operación abierta está en algún lugar alrededor del punto de entrada, generalmente la sostengo a través del cierre diario. La razón es que la ampliación de los diferenciales probablemente no afectará mi posición cuando estoy cerca del punto de entrada. Los diferenciales amplios podrían afectar, por ejemplo, obtener un Beneficio o un Tope de Pérdida si el precio se acercaba a él durante la ampliación del diferencial, pero no es probable que me perjudique cuando el precio actual está lejos del OBJETIVO DE BENEFICIO y TOPE DE PÉRDIDA.

2.) **Cierre de la semana:** Ahora aquí es donde absolutamente necesitas salir de todas tus operaciones intradía. Con paradas más cerradas, una brecha de apertura en el precio podría ser devastadora. En mi opinión, nunca hay una razón para que un comerciante de un día tome el riesgo de mantenerse durante el fin de semana.

Brecha en apertura del mercado

De vez en cuando, verás que el mercado se abre con una brecha y el precio está exactamente a tu nivel de operaciones (o muy cerca de él). A pesar de que da un poco de miedo entrar en la posición de esa manera, en realidad me gusta este escenario. La brecha es otra confirmación para que yo ingrese. La razón es que el mercado generalmente tiende a cerrar las brechas de apertura. Solo necesitas esperar un poco para que los diferenciales se ajusten antes de tomar la posición (generalmente son bastante amplios en el mercado abierto). Echa un vistazo a una buena operación que tomé en el mercado abierto en el USD / JPY:

Niveles viejos de operaciones

No cambio mis niveles de operaciones después de haberlos creado. Si creo un nivel y el precio se aleja mucho, aún considero que el nivel es válido y no lo borro ni lo modifico. Debido a eso, hay muchos niveles intradía antiguos en mis gráficos. A veces da un poco de miedo confiar en un nivel intradiario de 30 días. Aun así, es bastante increíble cómo el mercado "recuerda" esos niveles y cómo reacciona incluso después de tanto tiempo. Aquí hay una reacción a un nivel de 40 días en el yen japonés.

Reacción a nivel de intradía de 40 días de antigüedad

Toma todas las configuraciones válidas de operación

No importa si mi día comenzó con 3 derrotas, 3 ganancias o algo intermedio; Yo tomo todas las operaciones de niveles válidos. Si hay, por ejemplo, 6 niveles alcanzados en un día, tomaré las 6 configuraciones de operación. Nunca digo nada como: "Hoy tuve suficientes ganancias, así que puedo parar ahora" o "Maldita sea, 3 pérdidas: no puedo soportar el dolor u otra pérdida, así que he terminado las operaciones del día". En cambio, me atengo a mi plan y hago operaciones en todos mis niveles.

Cuando hay un buen comienzo del día, realmente no hay una razón para detener las operaciones. A veces hay meses en que solo unos pocos días generan la mayoría de mis ganancias mensuales. Si bien esa no es la norma, tienes que operar con la expectativa de que podría suceder, lo que significa tomar todas las operaciones válidas durante tus horas de operaciones.

163

El otro caso es comenzar un día con operaciones perdedoras. A nadie le gusta comenzar el día de esta manera, y puede parecer que la mejor opción sería reducir el tamaño de tu posición o detener las operaciones de forma conjunta durante el día. ¡Yo nunca hago eso! Opero a pesar del mal comienzo y no reduzco el tamaño de mis posiciones. Hace unos días comencé el día con 2 derrotas. Después de eso, tuve 3 ganadores que me trajeron una ganancia para el día. Estoy realmente contento de no haber detenido las operaciones ni reducir el tamaño de mi posición después de esas dos pérdidas o el día hubiera terminado en rojo.

Operaciones Reales

Ahora debes saber la lógica y la teoría detrás de las estrategias de operaciones que utilizo. Sin embargo, creo que ver algunos ejemplos de operaciones más reales hará que todo sea un poco más claro. La razón de esto es que cada situación del mercado es única. El precio se mueve de forma un poco diferente cada vez, los volúmenes se distribuyen de una forma ligeramente diferente, la volatilidad y la agresividad del mercado siempre son un poco diferentes... Por estas razones, debes pasar por los ejemplos de operaciones para realmente tener una idea de la estrategia. A continuación, hay algunas operaciones reales que tomé. Repasarlas te ayudará a ver cómo usaste las configuraciones en operaciones reales y te hará sentir más seguro al hacer tus propios niveles. Primero, pasaré por las operaciones intradía y luego las operaciones de swing.

Operaciones intradía

Operaciones basadas en configuración #1: Configuración de acumulación de volumen

Acumulación de volumen operación #1

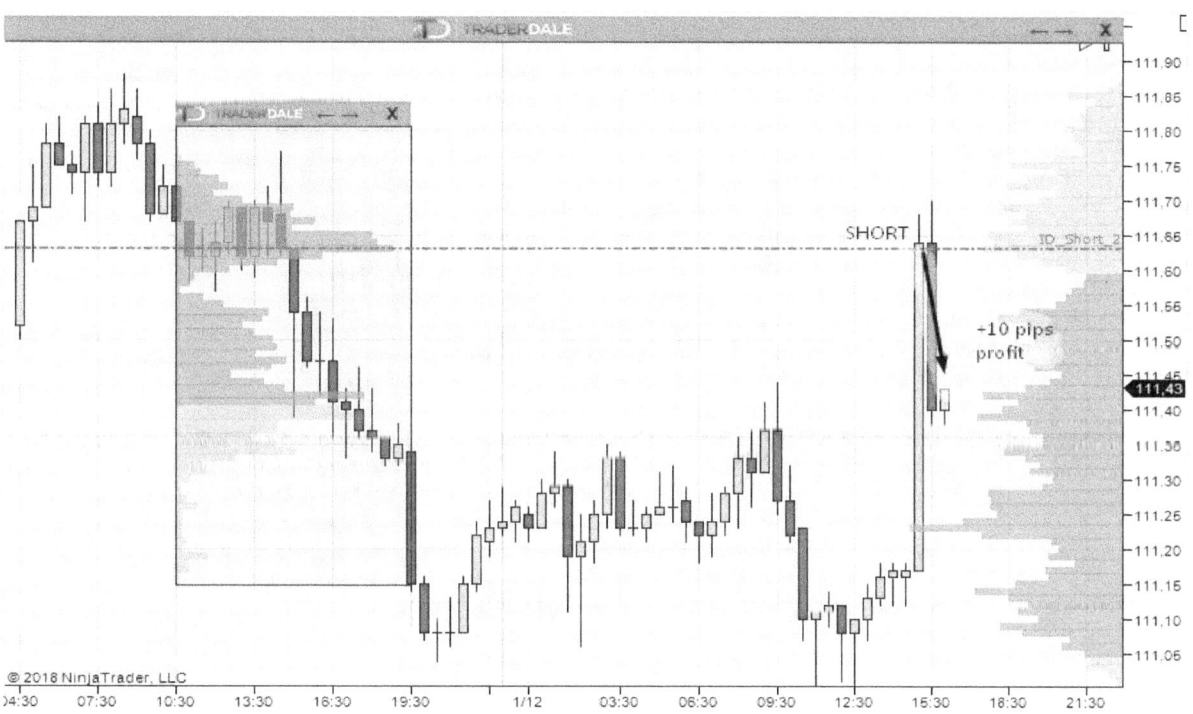

Operación de Acumulación de Volumen #2

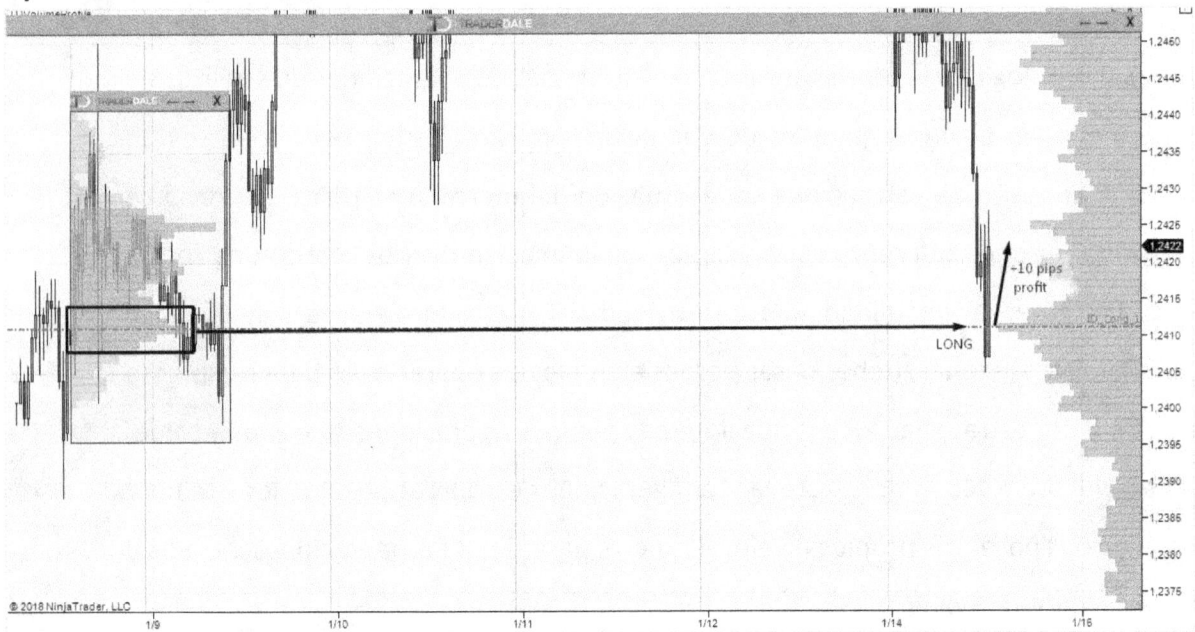

Operación de acumulación de volumen #3

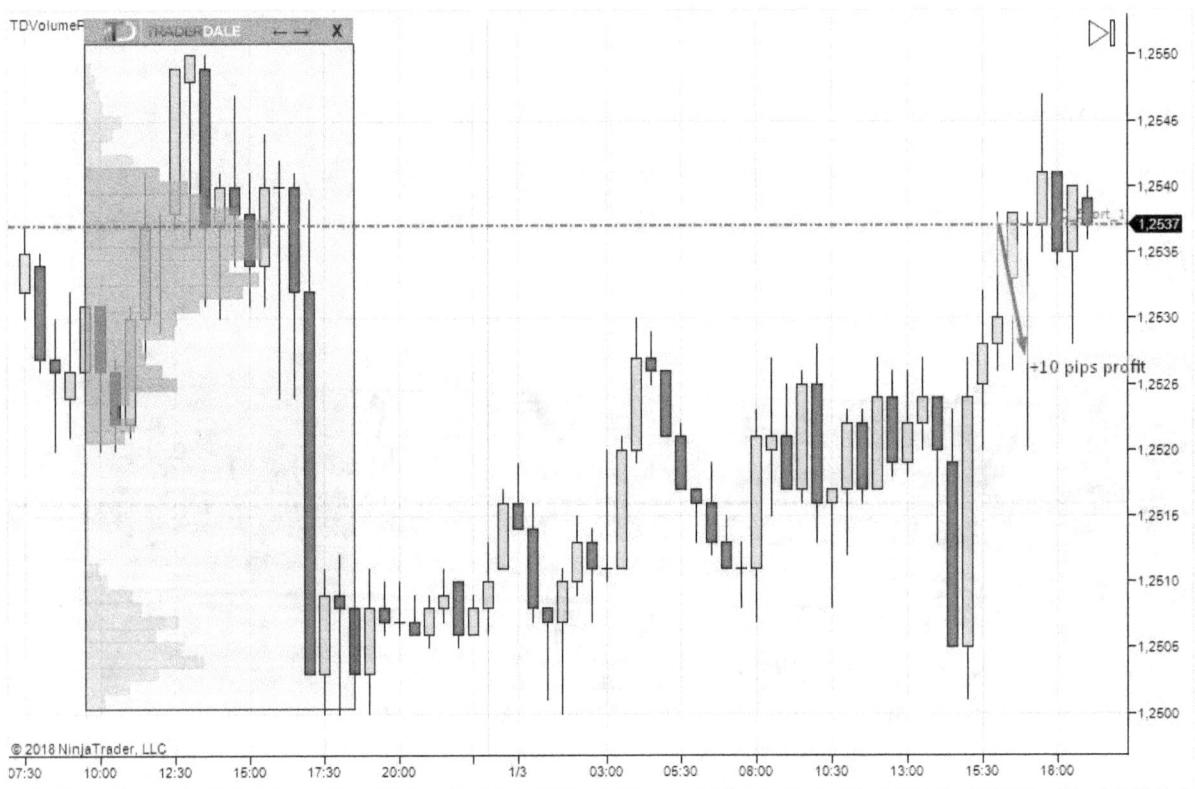

Operación de Acumulación de Volumen #4

Operación de acumulación de volumen #5

Operación de Acumulación de Volumen #6

Ten en cuenta que en este caso, he utilizado dos perfiles. Primero uno (el estrecho) solo para el área de acumulación antes de que comience la actividad de compra. El segundo es un perfil diario (1 día = 1 perfil). En ambos perfiles, los volúmenes más pesados (PDC) estaban en el mismo nivel de precios. Esa doble confirmación de nivel siempre es buena.

Operación de acumulación de volumen #7

Operación de Acumulación de Volumen #8

En este caso, utilicé dos perfiles. El primero solo para la rotación antes de la venta masiva, el segundo para un área de rotación más amplia (básicamente de lunes a miércoles). Ambos perfiles muestran los volúmenes más pesados al mismo nivel de precio = doble confirmación de un nivel.

Operación de Acumulación de Volumen #9

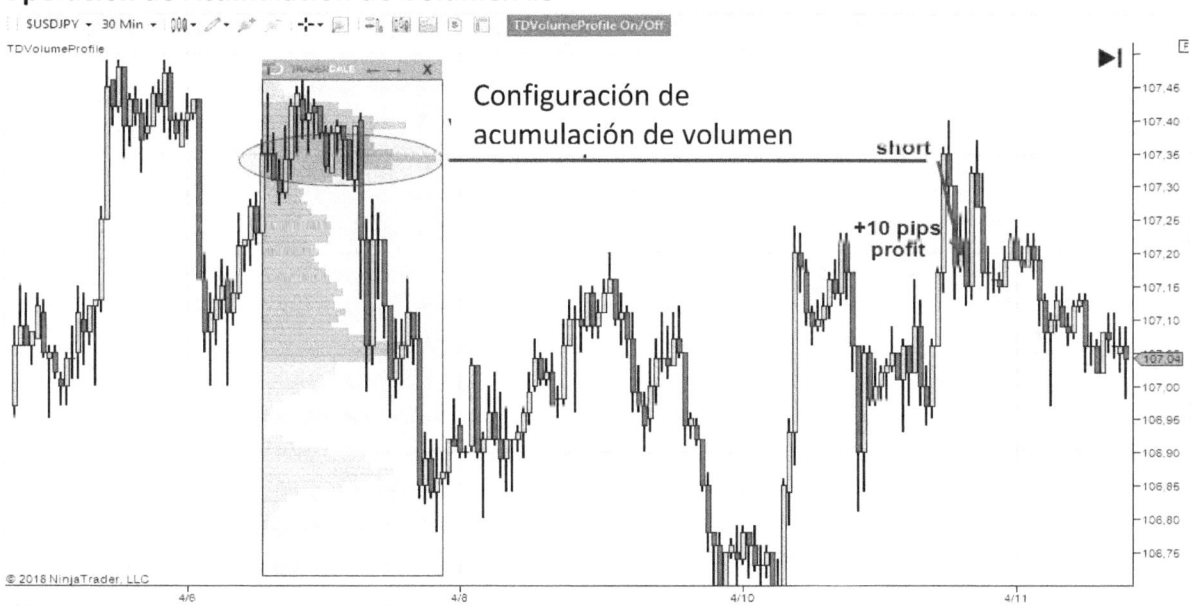

Operación de configuración de tendencia #1:

Operación de configuración de tendencia #2:

Operación de configuración de tendencia #3:

El nivel fue alcanzado en la última sesión de Nueva York. Estaba un poco preocupado por tomar esta operación porque AUD / USD no es muy activo en este momento del día. A pesar de las últimas horas, la reacción fue bastante acertada y la operación llegó al **objetivo de beneficio de +10 pips** antes de que terminara la sesión de EE. UU.

Operación de configuración de tendencia #4:

Tuve tres niveles largos en el USD / CAD que se vieron afectados en un solo día. Todos se basaron en la configuración de la tendencia. Mi primer nivel largo fue golpeado justo en el mercado abierto. El mercado se abrió con una brecha exactamente a mi nivel, lo que fue una muy buena confirmación del nivel. Por lo general, los mercados tienden a cerrar tales brechas, lo que en este caso significaría un movimiento ascendente que resultaría en una ganancia. Sin embargo, en ese momento mis diferenciales aún eran bastante amplios (como es habitual con todos los intermediarios alrededor del mercado abierto) y, por esa razón, no ingresé a la operación. Como se puede ver en la imagen de abajo, la reacción fue muy agradable. El segundo y tercer nivel fueron ambos ganadores.

Operación de configuración de tendencia #5:

Había dos niveles cortos que quería operar en el USD / CAD. El primero se basó en la configuración de tendencias y la segunda en la configuración de rechazo combinada con la configuración de acumulación de volumen. Desafortunadamente, las reacciones a ambos niveles llegaron un poco antes y ambos niveles se probaron antes de que el precio realmente los alcanzara. Por este motivo, tuve que descartarlos a ambos = ya no los consideraba válidos y no los tomé cuando el precio realmente los tocó.

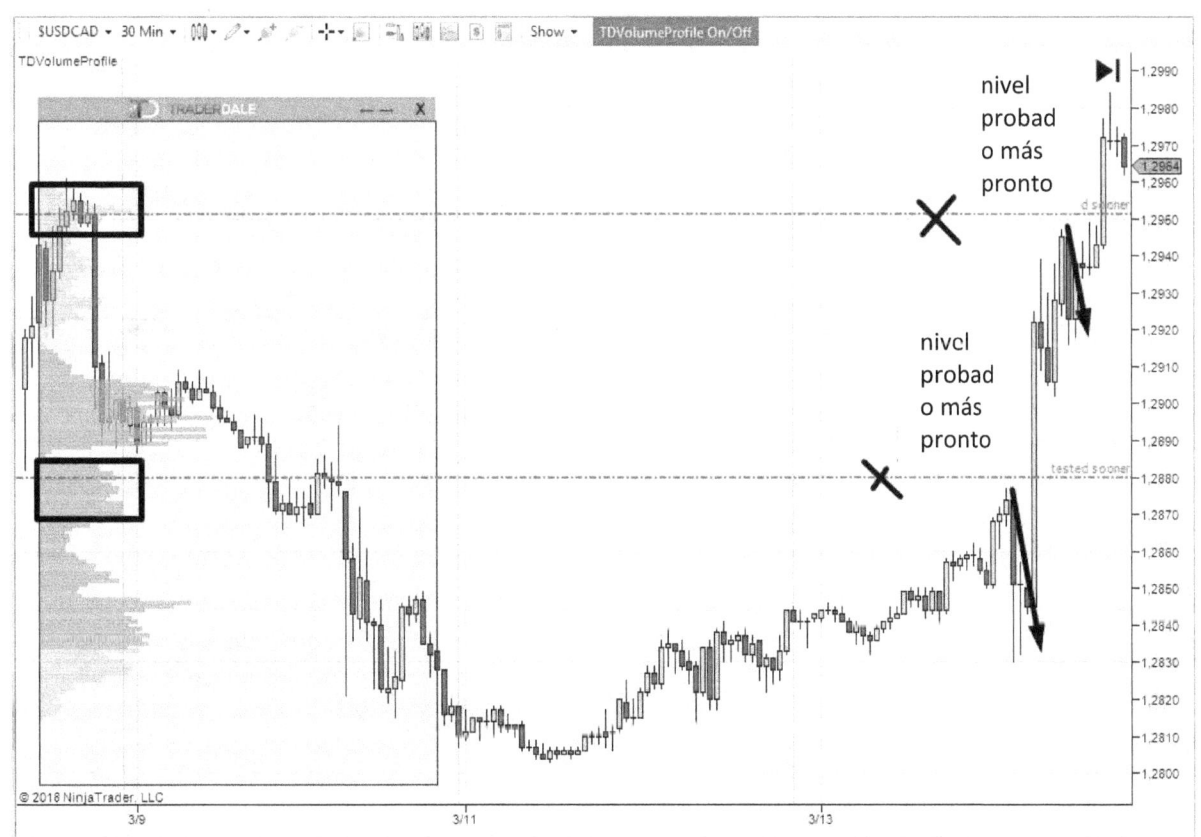

Operación de configuración de tendencia #6:

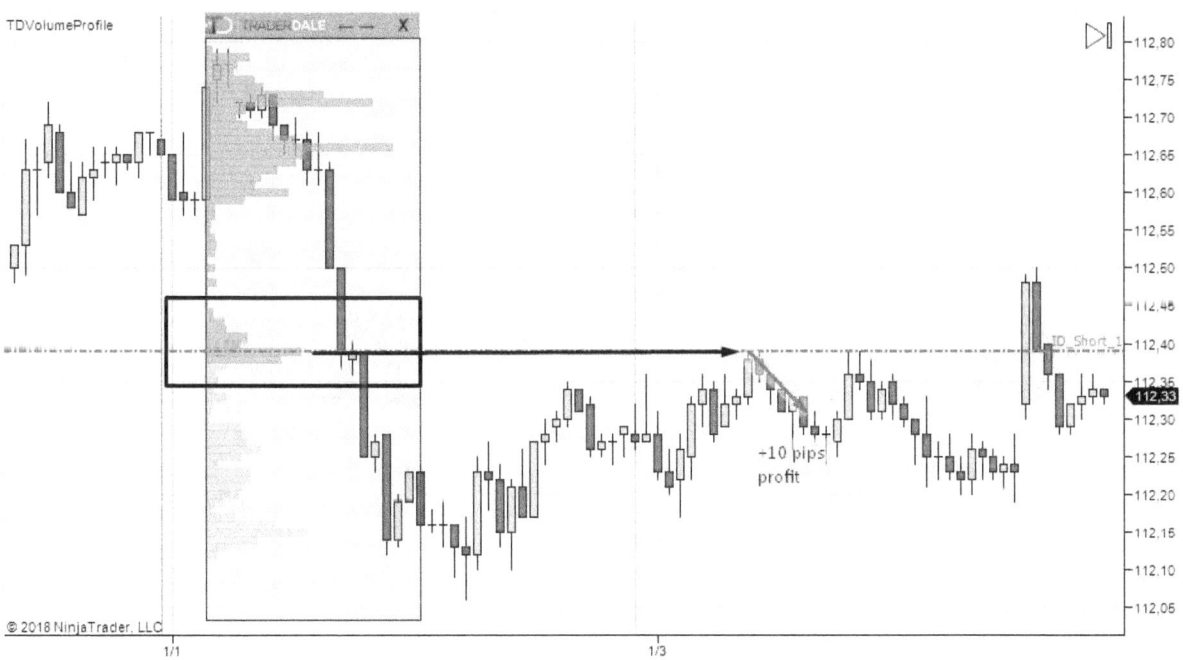

Operación de configuración de tendencia #7:

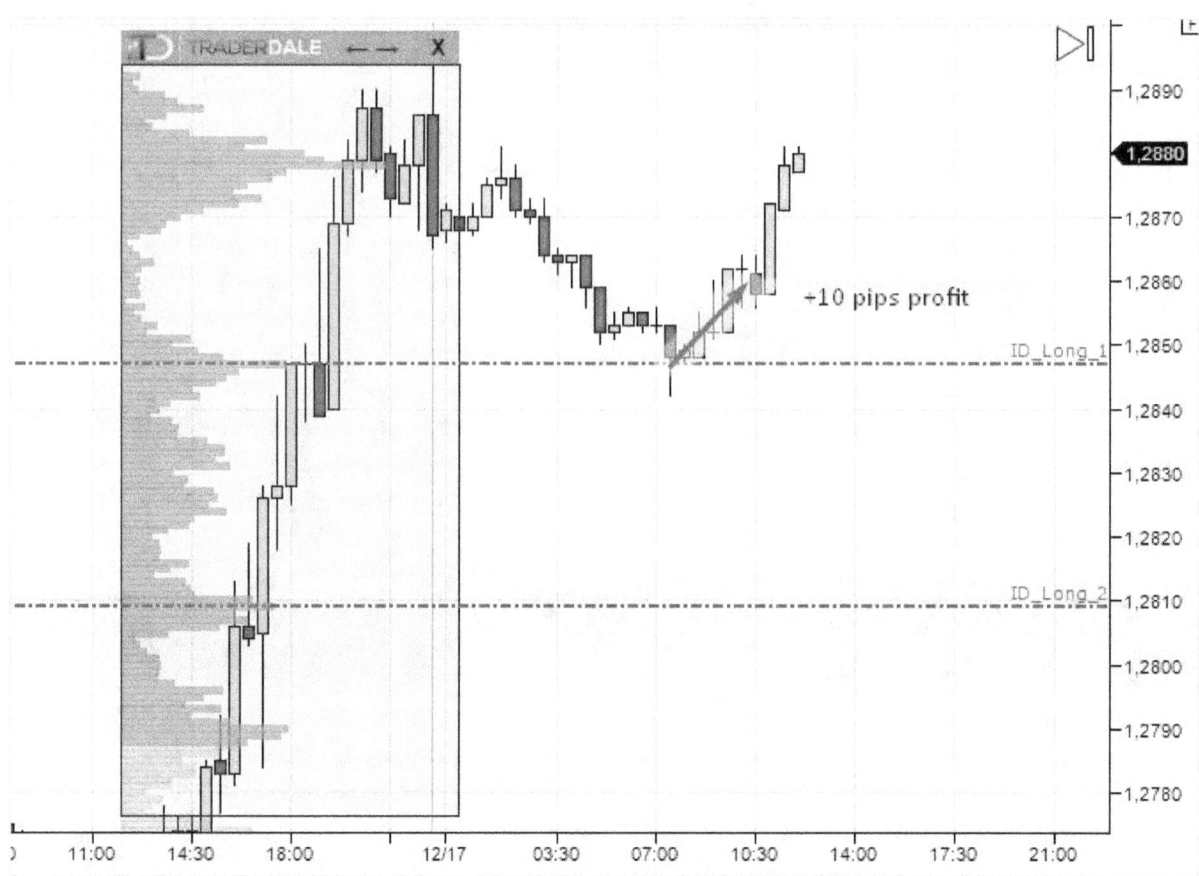

Operación de configuración de tendencia #8:

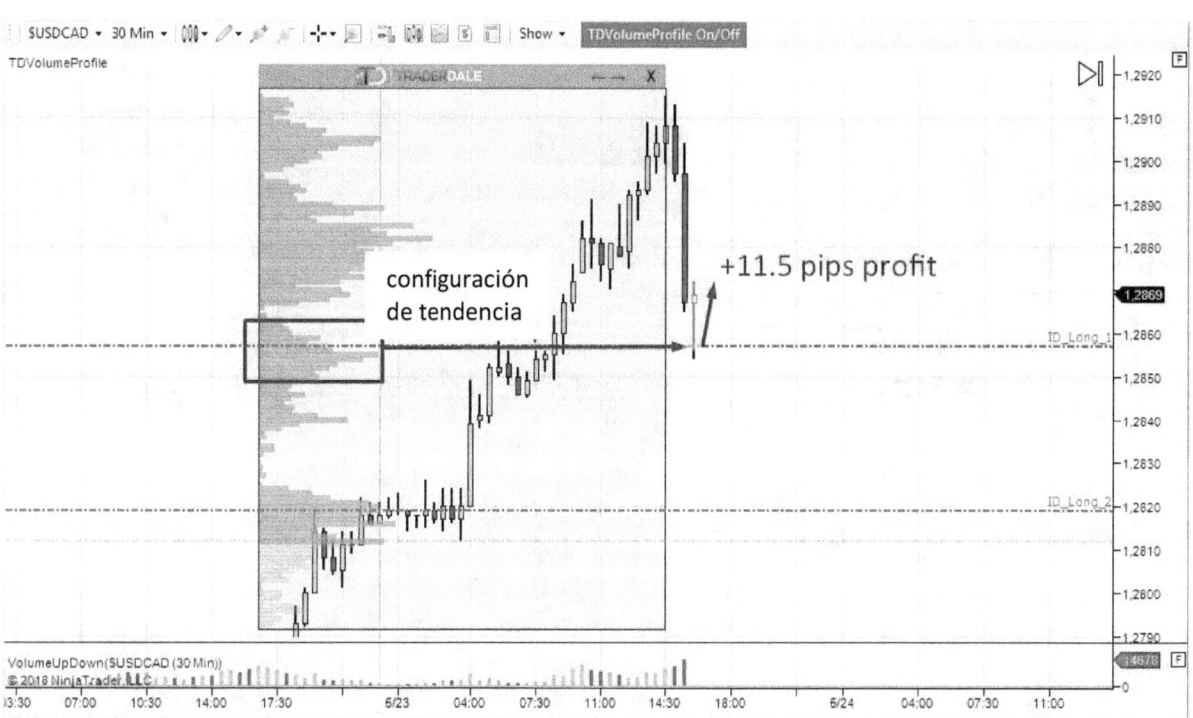

Operación de configuración de tendencia #9:

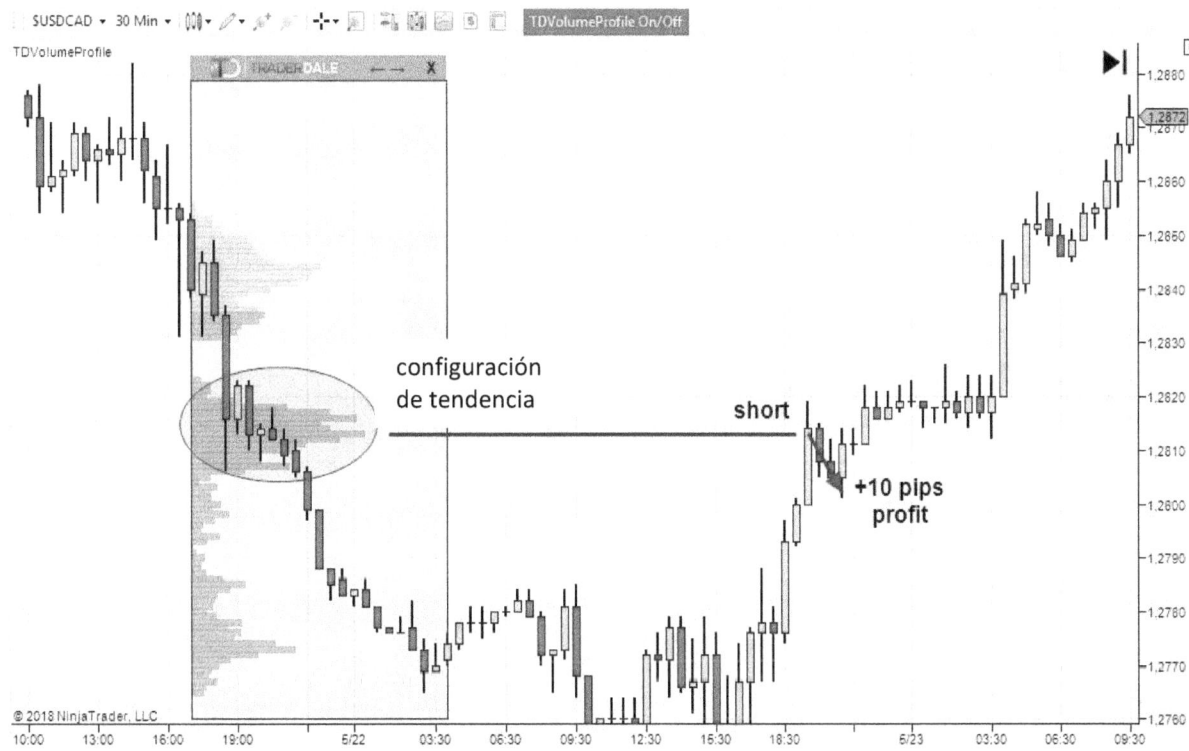

Operación de configuración de tendencia #10:

Operación de configuración de tendencia #11:

Operación de configuración de rechazo #1:

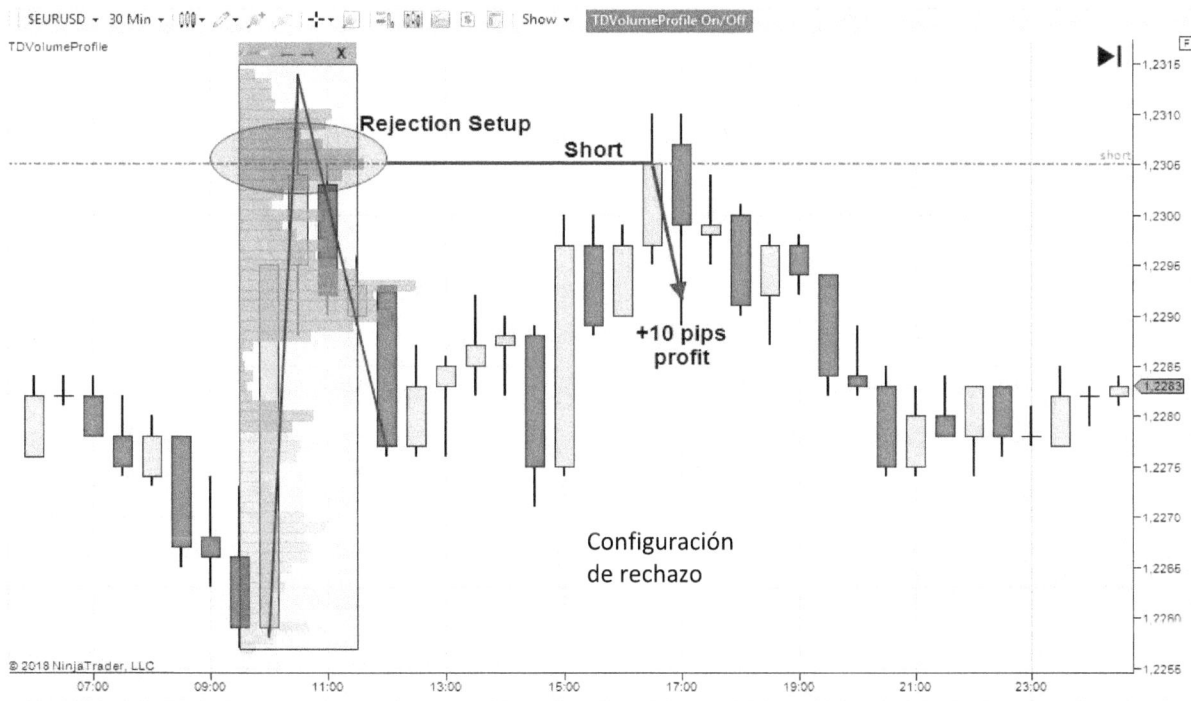

Operación de configuración de rechazo #2:

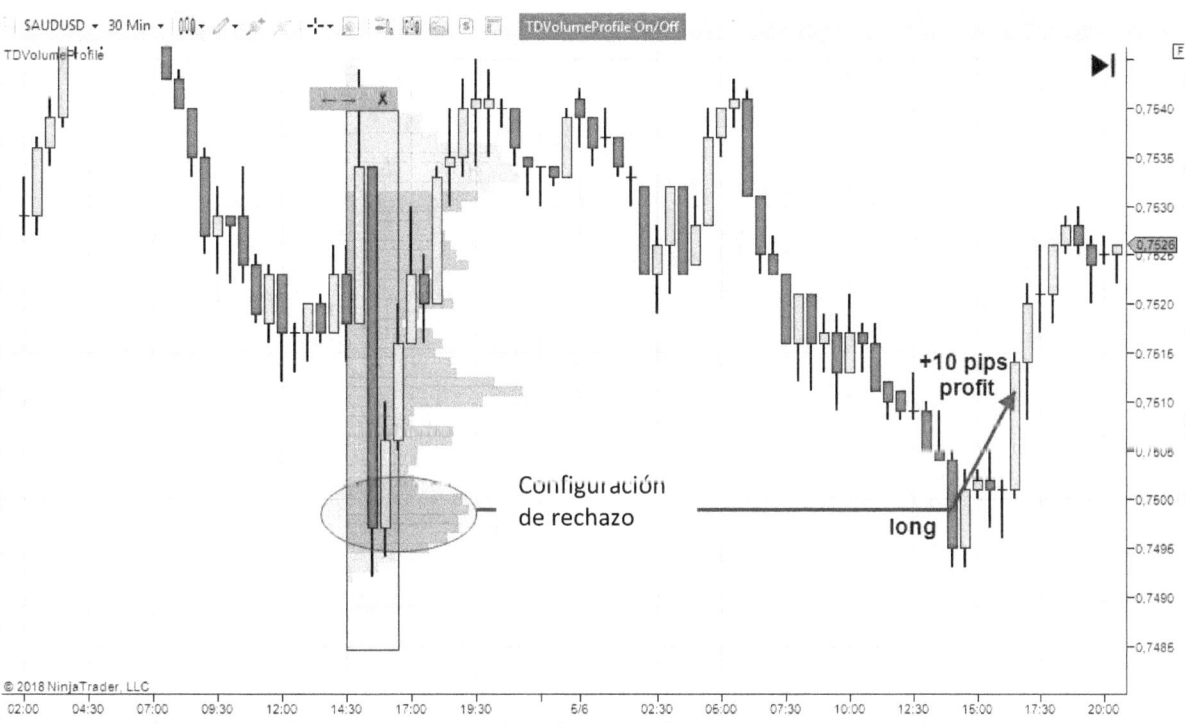

Operación de configuración de rechazo #3:

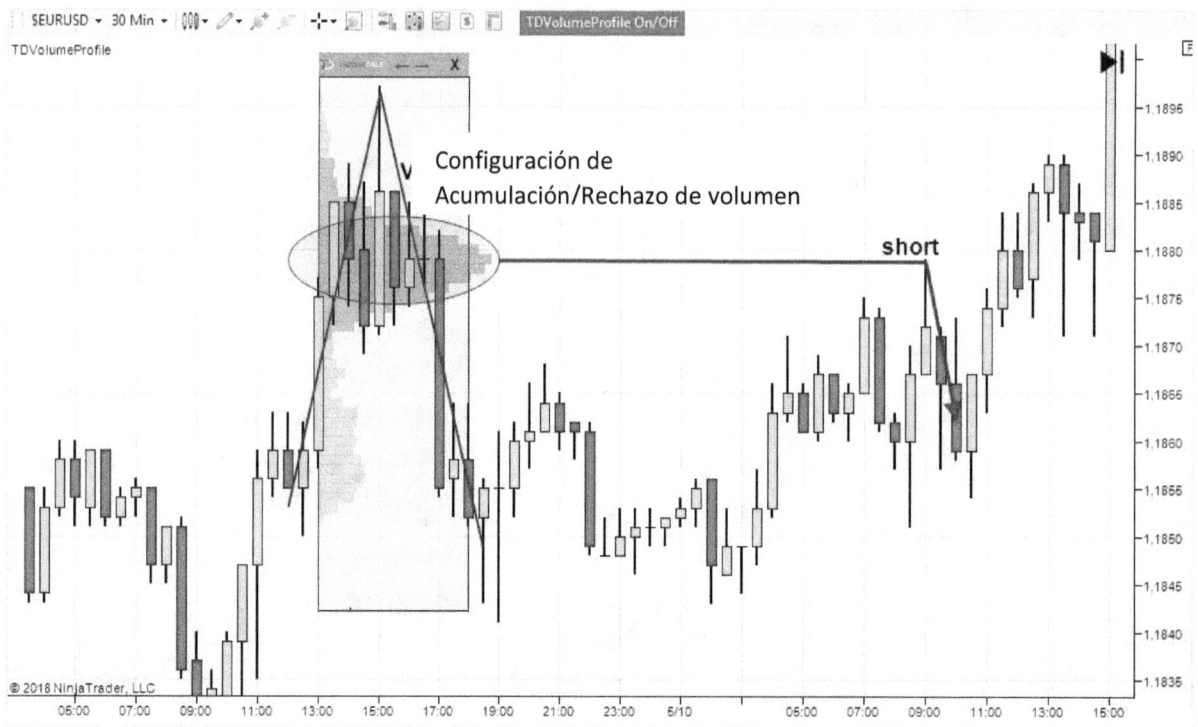

Operación de configuración de rechazo #4:

Operación de configuración de rechazo #5:

Operación de configuración de rechazo #6

Operación de configuración de rechazo #7:

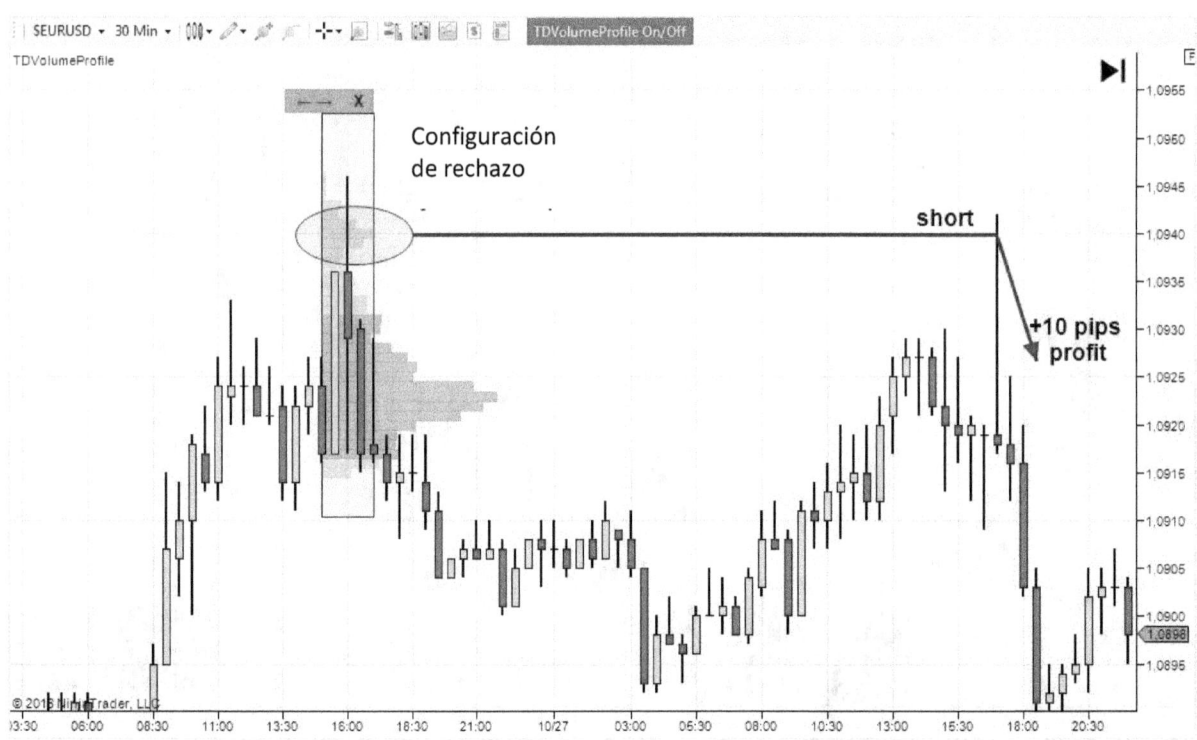

Operación de reversión #1:

La operación original se basó en la configuración de la tendencia en el AUD/USD. Hubo una reacción de 8-9 pips 3 pips por debajo del nivel. Decidí ser más agresivo y seguir haciéndome cargo de la operación a pesar de que el nivel se probó parcialmente. Al final, esta operación terminó como una operación perdedora. Por este motivo, decidí realizar una operación de **Reversión larga** (operación larga desde el nivel de precio exacto que antes había bajado). Entré en la reversión cuando el precio regresó al nivel de 0.7693 y obtuve una rápida **ganancia de +10 pips.**

Operación de reversión #2:

Hubo una actividad de compra agresiva en la que se creó una importante acumulación de volúmenes. Cuando el precio regresó a esta área, tomé una operación larga (basada en la configuración de la tendencia). Desafortunadamente, el nivel no era lo suficientemente fuerte y tomé un TOPE DE PÉRDIDA de -12 pip bastante rápido. Después de eso, quería entrar en una operación de Reversión. Esto fue un corto desde el mismo nivel del que previamente pasé de (106.24).

Sin embargo, el precio reaccionó 2 pips antes, por lo que mi orden de Reversión no se llenó. Debido a esto, descarté el nivel.

Como puedes ver en la imagen, si no hubiera descartado la Reversión y tomado la operación cuando el precio realmente alcanzó el nivel, habría sido una ganancia.

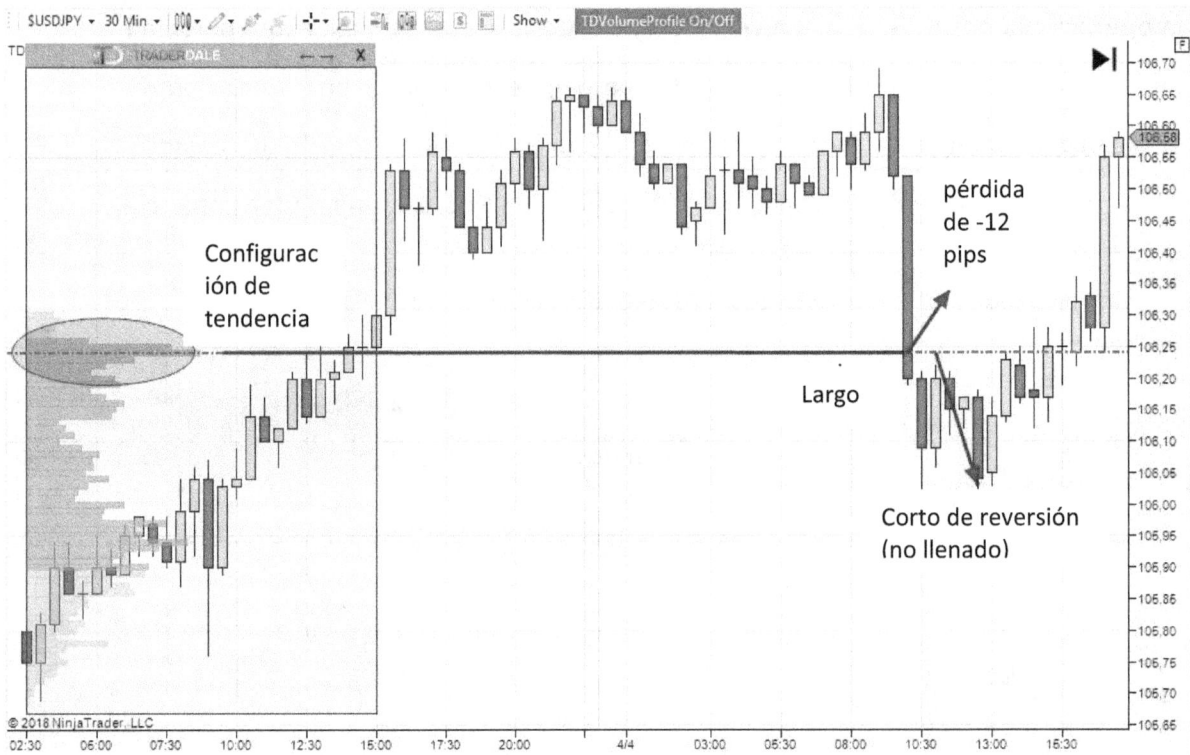

Operación de reversión #3:

Al principio, entré en una operación corta basada en la configuración de acumulación de volumen. Se acumularon volúmenes bastante pesados durante la semana alrededor del área de 106.40-106.60. El Punto de Control (PDC) de esta área de gran volumen estaba en 106.53. Decidí quedarme corto desde allí porque era una zona de resistencia bastante fuerte. Sorprendentemente, no hubo ninguna reacción significativa al nivel y el precio se acercó mucho a mi Tope de Pérdida. Cuando el precio regresó al punto de equilibrio (106.53), renuncié a la operación e ingresé a una operación de reversión larga de acuerdo con las reglas de la estrategia.

Cuando los compradores son lo suficientemente fuertes como para impulsar el precio a través del PDC semanal sin ninguna reacción, es mejor cambiar tu sesgo que luchar contra el mercado.

Esta vez no configuré mi OBJETIVO DE BENEFICIO a 10 pips sino a 13. La razón fue una subasta fallida en 106.65. Cuando el precio se acerca a esa área, tiende a probarse por encima de ella. Por este motivo, coloqué mi OBJETIVO DE BENEFICIO 1 pip por encima de la subasta fallida (106.66). Como puedes ver en la imagen, la inversión funcionó muy bien y pude obtener mi beneficio de +13 pips rápidamente.

Operación de Reversión #4:

Tuve un nivel largo basado en una configuración de tendencia en el USD / JPY. Desafortunadamente, hubo noticias macroeconómicas seguidas de noticias / discursos inesperados de D. Trump. Esto causó un aumento en la volatilidad y el precio acaba de pasar por mi nivel largo sin ninguna reacción. Tomé un rápido Tope de Pérdida. Inmediatamente después de eso, hice un pedido límite con una operación de Reversión. Con esta operación de reversión, pude saltar a la tendencia bajista y obtener mi ganancia de +10 pips rápidamente.

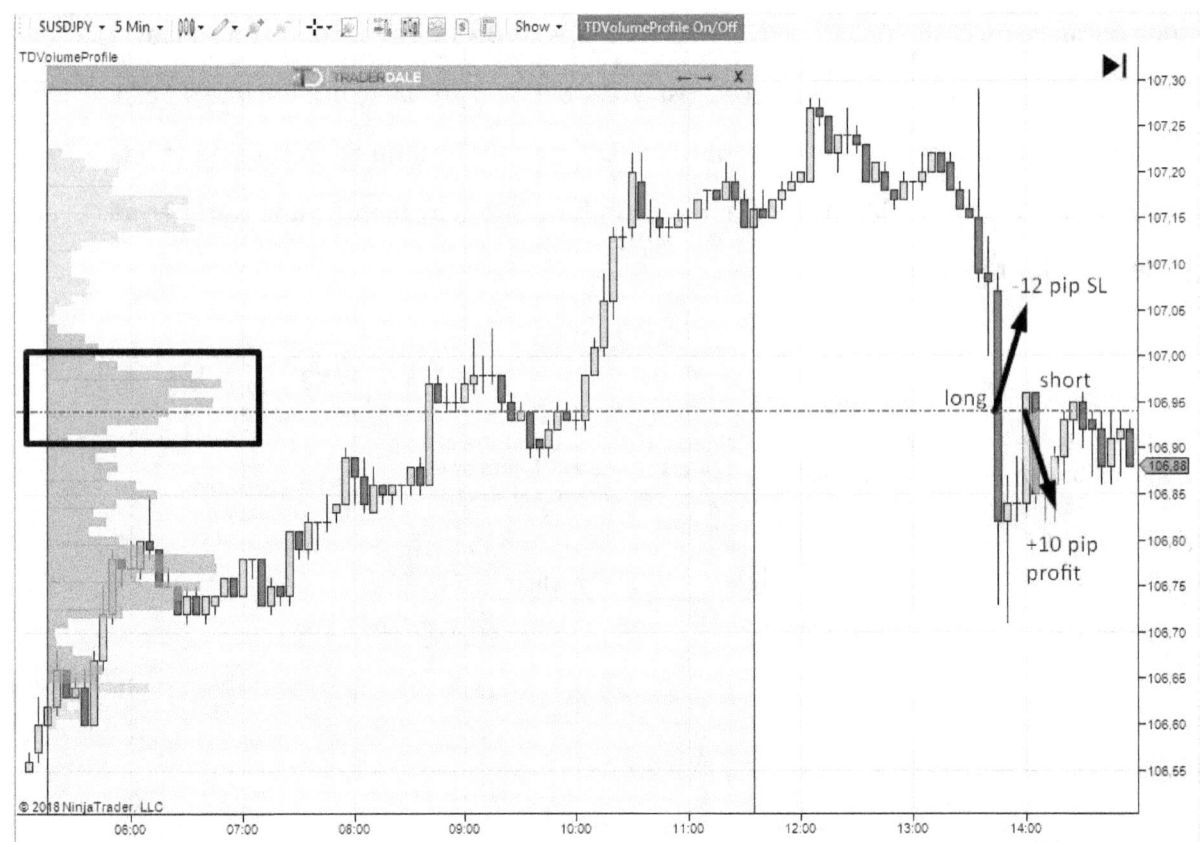

Operación de Reversión #5

Operación de Reversión #6:

Operación de Reversión #7

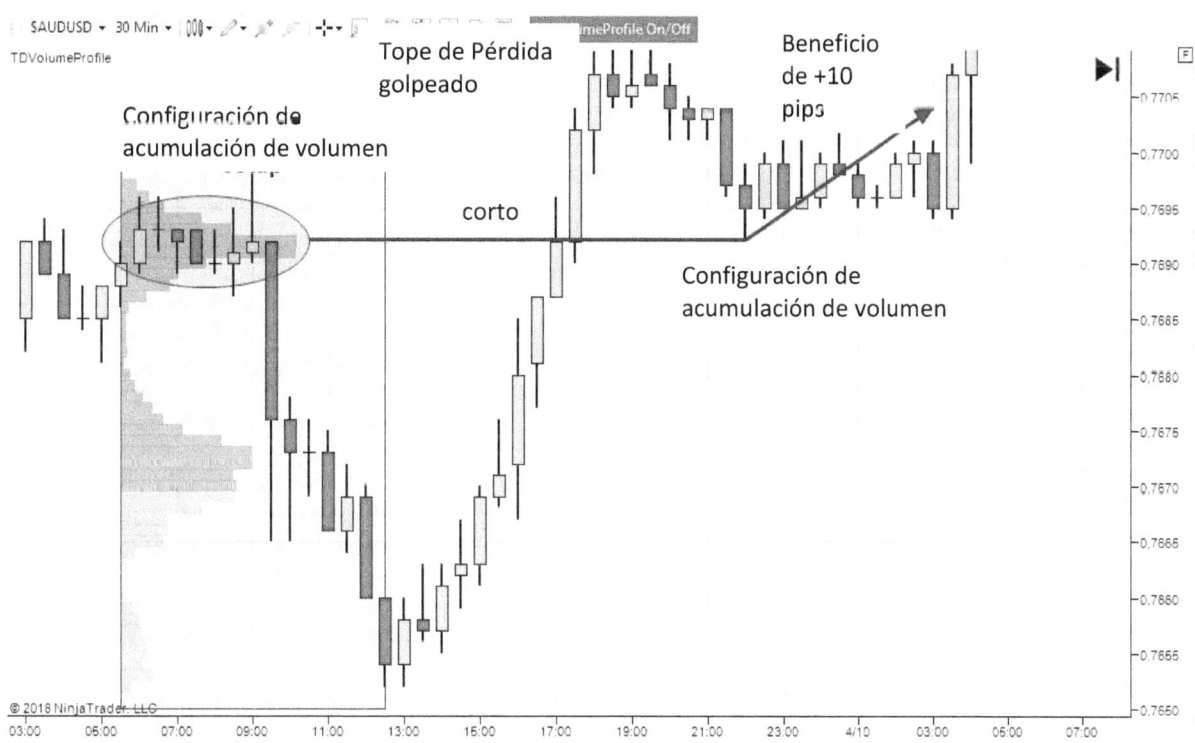

Operación de Reversión #8:

Swing

Utilizo las mismas configuraciones de tres volúmenes para intradía y también para operaciones de swing. La única diferencia es la colocación y gestión de posiciones de OBJETIVO DE BENEFICIO y TOPE DE PÉRDIDA. A continuación se muestran ejemplos de operaciones de swing que tomé:

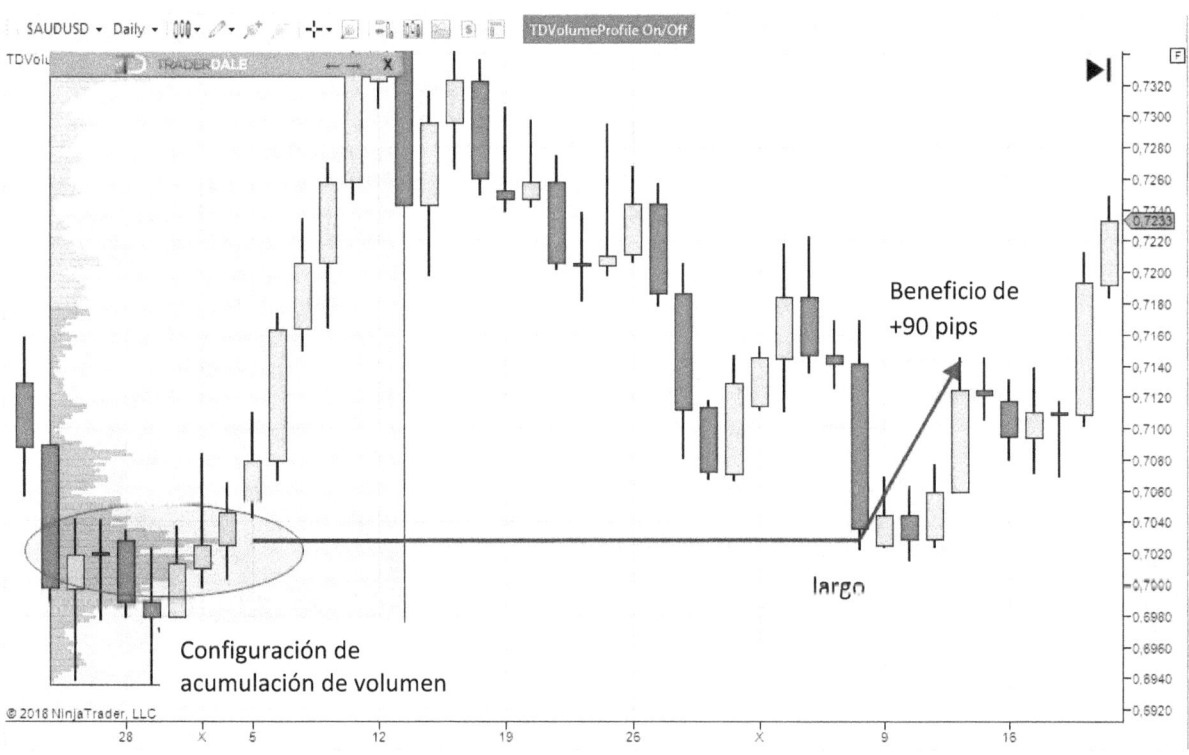

Beneficio de +90 pips

Configuración de acumulación de volumen

largo

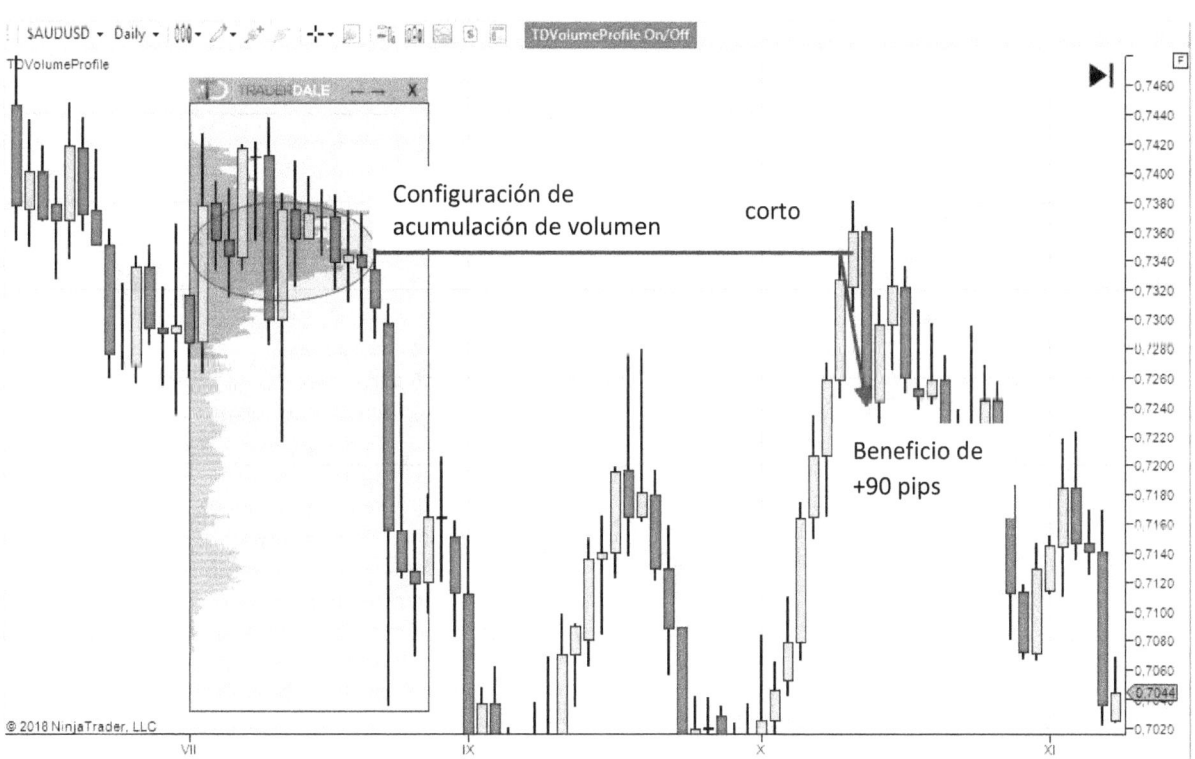

Configuración de acumulación de volumen

corto

Beneficio de +90 pips

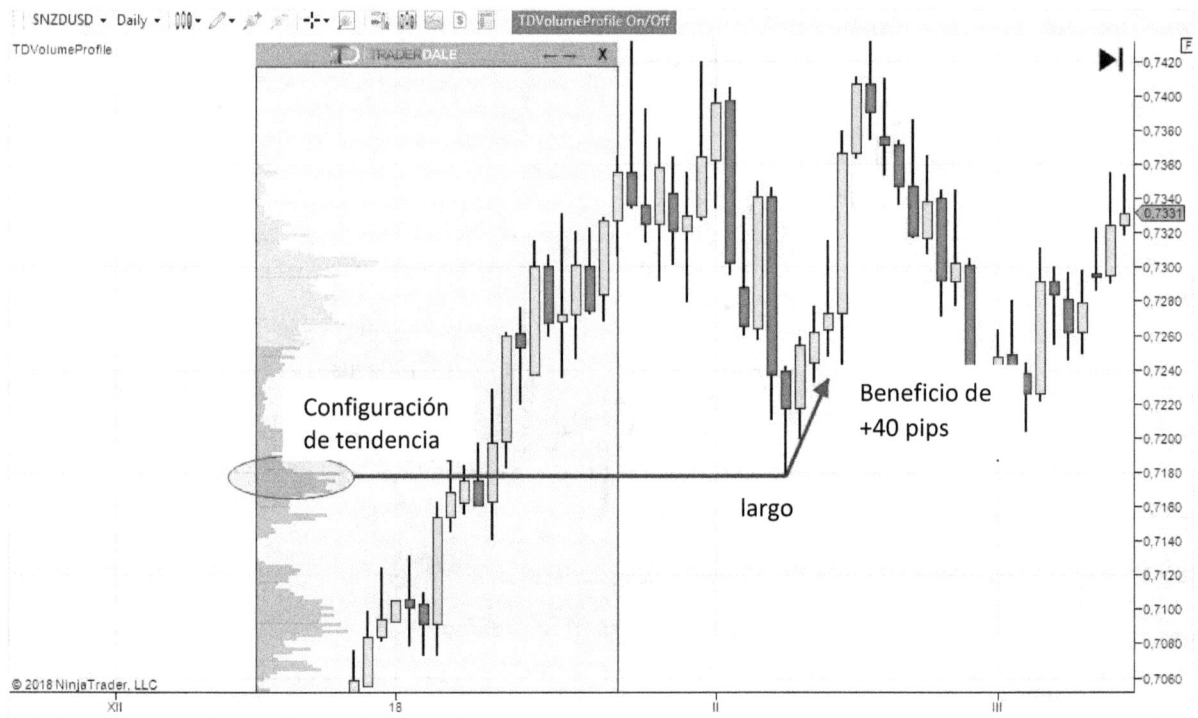

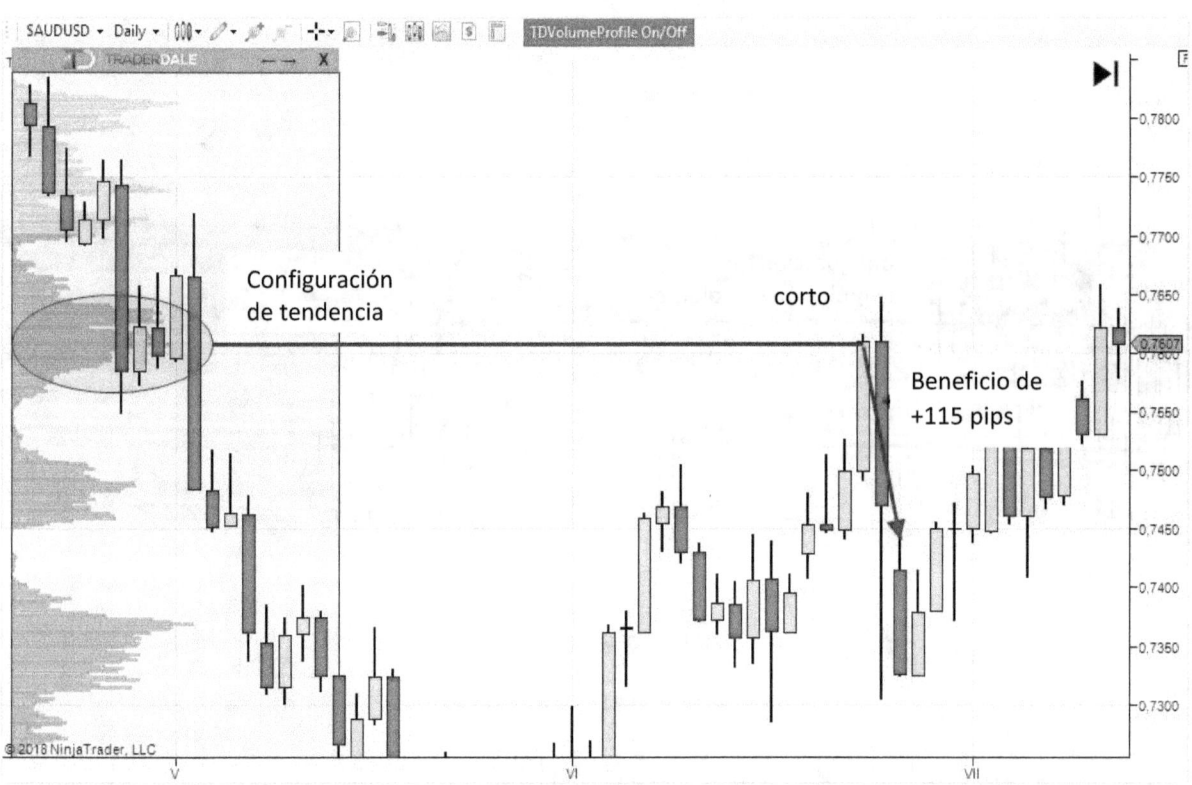

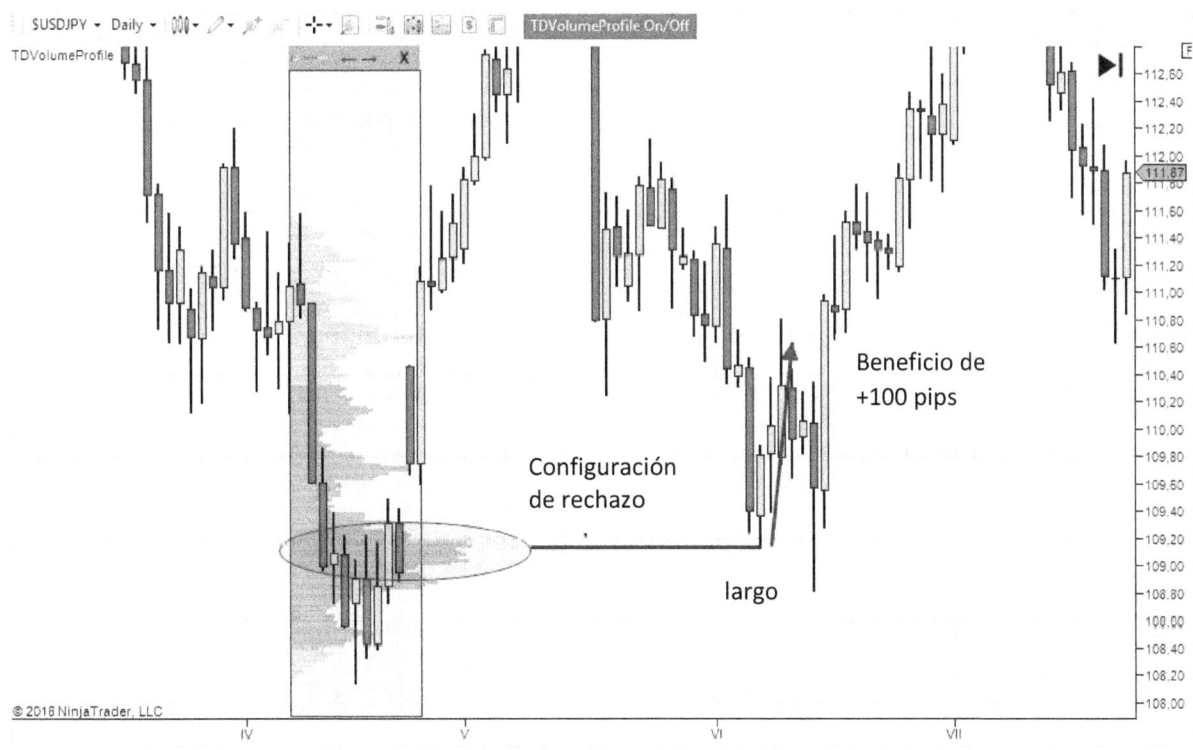

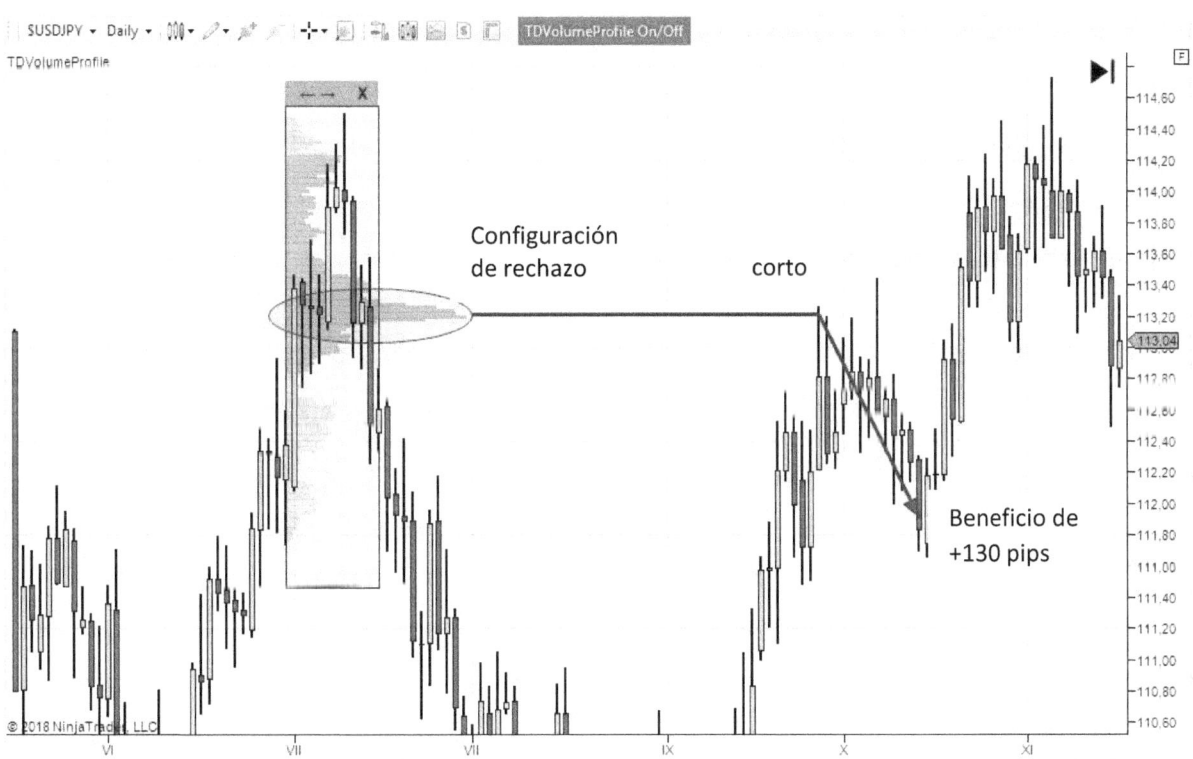

En Resumen

Muchas personas dicen que quieren ser comerciantes a tiempo completo, pero sus acciones dicen lo contrario. Dicen que quieren ser comerciantes, pero ni siquiera están dispuestos a renunciar a algunas horas de televisión por la noche para estudiar, o a dejar de salir el fin de semana para financiar su cuenta de operaciones o educación.

No puedes convertirte en un comerciante a tiempo completo con menos del 100% de compromiso; ¡Cualquier cosa menos se quedará corta! Tratar de aprender a operar con menos del 100% de compromiso, es como tratar de perder peso mientras comes comida chatarra en cada comida, ¡no funciona! ¡Basura dentro basura fuera!

Si deseas ser un comerciante profesional, entonces necesitas operar como un profesional.

Al comienzo de este libro, hablé de las innumerables estrategias de operaciones, sistemas y Robots de Operaciones distintos, así como de los muchos otros métodos de operaciones que probé al comenzar, y finalmente me decidí por el Perfil de Volumen. Ahora que has leído este libro, tú también te encuentras en una encrucijada.

Puedes continuar por el camino utilizando herramientas de venta minorista que fueron diseñadas para mantener al comerciante minorista perdiendo dinero, o puedes iniciar operaciones con los bancos e instituciones que realmente impulsan el mercado. Todos tenemos derecho a nuestras opiniones, pero no a nuestros propios hechos, y el hecho es que el dinero inteligente genera más del 90% del volumen diario de forex.

Teniendo en cuenta este hecho, solo tienes dos opciones; operar con dinero inteligente y las instituciones que manejan más del 90% del volumen diario, o esperar que tu estrategia de operaciones te permita estar en línea con tus operaciones con la frecuencia suficiente para lograr un beneficio. No sé nada sobre ti, pero no tengo ningún deseo de dejar el futuro financiero de mi familia al futuro.

O bien entiendes cómo operar con dinero inteligente, o te atropellan, es tan simple como eso.

¿Alguna vez has tratado de hacer un proyecto en casa que nunca has hecho antes? O tal vez eres un cocinero y quieres probar un nuevo estilo o receta. ¿Qué es lo primero que haces? Si eres como yo, probablemente te metas a Google o Youtube y comiences a hacer una investigación rápida para aprender de alguien que ya ha hecho lo que estamos tratando de hacer. El hecho es que, incluso con las tareas más sencillas, buscamos capacitación y dirección porque nos ahorra tiempo y nos da muchas más posibilidades de éxito.

Si buscas ayuda, orientación o apoyo incluso para una tarea simple, ¡cuánto más es una buena educación cuando se trata de aprender una tarea complicada como las operaciones!

Además, no se trata solo de obtener una educación, se trata de obtener una educación completa. Después de todo, hay una gran diferencia en saber algo y saber cómo aplicarlo en tiempo real. Déjame ilustrar.

Imagina que durante un minuto tuvieras que someterte a una cirugía de rutina, tal vez necesitabas que te retiraran el apéndice. Tu cirujano se sienta para hablar contigo, y habla sobre los más de 20 años de escolaridad, ¡pero esta sería su primera cirugía real!

¿Dejarías que este cirujano te abriera?!?! ¡Por supuesto no! El hecho es que el conocimiento del libro es ESENCIAL para aprender o realizar cualquier tarea, pero no es suficiente. Cuando un médico decide hacerse cirujano, (según el país) debe pasar por lo menos de 8 a 10 años de escolaridad, pero la escolarización por sí sola no los califica para hacer cirugía.

Reitero, el conocimiento de los libros es indispensable para obtener una comprensión básica de un tema o tarea, pero para realizar una cirugía por sí mismos, deben pasar por otros 5 años de residencia. Durante esta residencia, aprenden en un ambiente práctico, donde sus instructores o mentores les están mostrando cómo hacer las cosas que aprendieron en la escuela.

Piense en cualquier otra profesión complicada (o incluso en aquellas que no son tan complicadas) y verás rápidamente que NINGUNA DE ellas se enseña solo con un curso o libro, y siempre se requiere capacitación práctica.

Esta es la razón por la que creé el curso de Trader Dale Perfume de Volumen Avanzado y la comunidad de operaciones, de modo que no solo podría proporcionar un curso de video extremadamente detallado, sino que además lo más importante es proporcionar orientación y guía diarias al mostrarte realmente cómo operar con Perfil de Volumen en tiempo real.

Al igual que en nuestro ejemplo anterior de alguien que está aprendiendo a ser cirujano, la capacitación práctica es muy a menudo el eslabón perdido o la pieza final del rompecabezas que realmente lleva a casa e infunde una aplicación adecuada de la estrategia.

Si te tomas en serio el aprender a operar, y estás listo para comprometerte completamente a aprender a operar como dinero inteligente, entonces te invito a revisar nuestro Paquete de por vida.

Esto incluye el acceso de por vida a:

1.) **Curso de Entrenamiento de Perfil de Volumen Avanzado:** Este curso de video de 8 partes rompe las reglas de la estrategia con gran detalle, cubriendo cada punto desde muchos ángulos diferentes para llevar a casa el mensaje.

2.) **Video de Niveles de Operaciones Intradía Diarias:** Todos los días obtendrás un nuevo video que detalla los niveles exactos desde los cuales buscaré las operaciones, y también POR QUÉ estoy usando este punto. Esto te permite operar mis niveles mientras aprendes y efectivamente "ganas mientras aprendes".

3.) **Indicador de Perfil de Volumen Propietario:** ¡Obtén el indicador que te permite ver "dentro" del mercado!

4.) **Niveles de Operaciones Swing Mensuales:** No tienes tiempo para operar niveles intradía, ¡no hay problema! ¡Cada mes libero mis niveles de Operaciones Swing para el mes siguiente en 15 pares de divisas diferentes!

5.) **Foro Para Miembros:** Los miembros también reciben acceso de por vida a nuestra comunidad muy activa de comerciantes afines. ¡Las operaciones pueden ser un negocio solitario, y tener una comunidad de comerciantes muy activa con la que puedas intercambiar ideas en tiempo real es absolutamente esencial para tu éxito!

6.) **Dirección y Soporte de Por Vida:** Soy un firme creyente de que los comerciantes necesitan ayuda práctica y apoyo para tener éxito y esto es lo que les proporciono a nuestros miembros.

En resumen, te animo a que dejes que este libro sea el comienzo de tu viaje para convertirte en un comerciante a tiempo completo, ¡no en el final! Si deseas obtener más información y crees que esta es la estrategia para ti, entonces deja de perder el tiempo y comienza a tomar en serio tus operaciones, ¡ya que el tiempo es lo único que no puedes recuperar! Espero sinceramente que hayas disfrutado este libro y, lo que es más importante, encuentres las ideas rentables en tus propias operaciones. Para aquellos de ustedes que continúan este viaje conmigo, espero verlos en el área de miembros.

Felices operaciones,

-Dale

Algunos Testimonios Sobre el Curso

Él te muestra todas sus propias operaciones y sus sistemas para la ejecución y la gestión de pérdidas.

Es un alivio ver a un comerciante transparente que sigue su propio sistema. Pasa por todas sus operaciones, ya sean ganadoras o perdedoras. Él te dice en qué se basaron sus decisiones para tomar la operación y te explica cómo se realizó cada una después de la operación. Incluso si tienes a tu propio sistema, este también es un muy buen sistema, y tener más de un sistema te brinda una gran ventaja cuando sientes que tienes problemas para encontrar operaciones. Aquí no hay una teorías sin bases, ¿qué más se puede pedir a un servicio de conocimiento de operaciones?

Honestidad e Integridad - Trader Dale

Me topé con el sitio web de Trader Dale en busca del concepto de perfil de mercado. Me gustó la explicación simplista de Dale de su razonamiento para tomar cada operación. Estando cansado de todas las ventas de la mayoría de los comerciantes, decidí probar el curso y el servicio de Dale durante 3 meses y aprender el concepto. Desafortunadamente, no sabía que la opción que elegí era una repetición cada 3 meses y no hice provisiones para ese gasto.

Me contacté con Dale inmediatamente, y como siempre, tuve una respuesta rápida. Dale ni siquiera discutió o parpadeó sobre el asunto y aceptó hacer un reembolso. Pudo haber sido legalista sobre el asunto, pero lo suficientemente claro como para aclarar el asunto que teníamos con Paypal.

Por último, puedo recomendar a Trader Dale a cualquiera que quiera aprender a operar Forex y que sepan que está tratando con una persona verdaderamente honesta y sincera para empezar, y que tiene una gran integridad. No estoy sugiriendo que ahora todos puedan cometer estos errores y reclamar el dinero, ya que ahora también he aprendido mi lección.

Sólo sé que si decido unirme de nuevo, puedo hacerlo sin dudarlo.

Gracias una vez más Dale.

Me encontré con Trader-Dale mientras buscaba un enfoque alternativo para las operaciones intradía. Ha resultado ser la mejor búsqueda que he hecho con respecto a las operaciones en los mercados de divisas. El enfoque único de Dale y los constantes esfuerzos por guiar a sus clientes es Increíble. Siempre está dispuesto a ayudar y siempre explica su metodología y las razones de lo que está haciendo con respecto a las operaciones que está colocando en el mercado de divisas. Dale ha puesto recientemente a disposición de todos sus miembros el increíble "Indicador de Perfil de Mercado Flexible" que está muy por delante de cualquier otro indicador que hayas usado (créanme que los he probado todos en los 10 años como operador de FX). He tenido un éxito increíble siguiendo la enseñanza de Dale. Entonces, si estás batallando con tus operaciones FX, hazte un favor y contacta a Trader-Dale. ¡Estoy seguro de que será la mejor apuesta que hayas hecho!

¡Excelente curso!

Recientemente me uní a la comunidad de Dale.

Realmente aprecio su acercamiento directo a los mercados. Utiliza el perfil de volumen. Si bien he trabajado con este sistema antes, siempre lo encontré muy filosófico pero no práctico en cuanto a saber dónde y cuándo operar. Dale enseña cuatro escenarios específicos que debes vigilar para poder ingresar a una operación. He encontrado que estas operaciones tienen sentido lógicamente y las he visto en beneficio. Dale proporciona niveles específicos horas antes de que el mercado esté incluso cerca de estas áreas. Esto le da a uno mucho tiempo para organizar una operación. Pero, lo que he encontrado aún más importante es que al aprender la lógica detrás de los cuatro tipos diferentes de operaciones, he podido detectar mis propios niveles intradía y beneficiarme de ellos. Además de su enseñanza, he encontrado a Dale muy accesible y ha respondido todas mis preguntas hasta la fecha. Parece ser un excelente mentor.

En general, recomiendo encarecidamente unirse al curso de Dale.

Comerciante verdaderamente honesto y generoso, lo recomiendo altamente !!

Dale es un comerciante verdaderamente honesto y generoso que está dispuesto a compartir sus ideas por una pequeña tarifa en comparación con otros. Ya aprendí mucho en los primeros meses de operaciones basadas en volumen en su curso. Definitivamente lo recomiendo :)

Un operador realmente bueno

He conocido muchas páginas web, que estaban llenas de consejos inutilizables y sin valor. Pero cuando conocí la página web de Dale, reconocí que él trata de explicar cada operación y apoyarte en tus operaciones.

En mi opinión, su enfoque es realmente bueno y puedes obtener una buena ganancia, pero tienes que cumplir sus reglas e intentar aprender algo de su enfoque. Le compré los próximos 3 meses y espero, que aprendas de él tanto como sea posible. Solo puedo recomendarte servicios en tu área de miembros.

Un servicio honesto y confiable para ganar y aprender.

He tenido la suerte de haber estado en operaciones con los niveles de Dale desde finales de septiembre de 2016 y debo decir que los resultados han sido excelentes. Mi propio estilo de operaciones es libre de indicadores y me gusta particularmente el enfoque que utiliza Dale, encontrando la ubicación en la tabla donde hay tanto un precio de valor como una alta probabilidad de éxito. Obviamente, no todas las operaciones tienen éxito, pero estoy obteniendo una tasa de strike de más del 70% en los últimos 10 meses, he logrado una ganancia en cada mes hasta la fecha.

Dale ofrece 2 cosas: precios a los que se puede operar mucho antes de que el precio llegue a ese punto y capacitación para que puedas aprender a encontrar ubicaciones de alta probabilidad por tu cuenta. El proceso es una forma rentable de operar y te permite leer el mercado. En lugar de depender de los indicadores, es una habilidad que una vez dominada puede permitirte ganarte la vida en esto.

Al igual que en todas las operaciones, hay cosas que aprender, y conocer algunos aspectos básicos de las operaciones ayudará a mejorar los resultados, hay una variedad de operadores en el foro, desde comerciantes de tiempo completo hasta novatos en total, y tener ese rango proporciona un atajo en el proceso de aprendizaje. . El hecho de que puedas ganar mientras aprendes hace que la membresía sea muy gratificante. Algunos usan un EA para operar los niveles que proporciona Dale, sin embargo yo personalmente prefiero el enfoque práctico, ambos funcionan bien, pero creo que saber por qué y qué estás haciendo funciona mejor.

Las operaciones de forex pueden ser un lugar particularmente costoso antes de ser rentable, algunos tardan años y otros nunca llegan. En lo que a mí respecta, la cuota de suscripción es una forma extremadamente barata de atajar el proceso. El servicio es honesto y con mucho gusto lo recomendaría 100% a cualquier persona, personalmente tengo que agradecerle a Dale por elevar mis operaciones de rentables a muy rentables :)